RAPID ITALIAN

FOR STUDENTS AND TOURISTS

by

MICHAEL CAGNO

and

BEN D'ARLON

S. F. VANNI

PUBLISHERS & BOOKSELLERS
30 WEST 12TH STREET
NEW YORK

ROY MOORE
249 E 48 Th ST.
NEW YORK 10017

TABLE OF CONTENTS

FOREWORD

This book has a double purpose: 1. to present, in a clear and concise manner, the outstanding sentence patterns of the Italian language, and 2. to enable those interested to acquire, through organized reading passages, the practical, environmental vocabulary of this language. Thus, this book should appeal to anyone desirous of obtaining a working knowledge of Italian in the shortest possible time.

To the foregoing end, the subject matter has been presented as follows: 1. the basic rules of pronunciation, to enable the student to use the language orally from the start, 2. a list of common signs which the tourist encounters most frequently, 3. expressions useful to tourists, organized and grouped in natural sequence 4. the commonest sentence patterns, again emphasizing everyday speech, and finally 5. reading selections orchestrating in a sustained manner all the ground previously covered.

The authors consciously avoided any moot questions either of grammar or vocabulary, and omitted all material properly not falling within the scope of an accelerated language course. However, more advanced grammar lessons and the most common irregular verbs have been included for those who, having mastered the earlier sections of the book, would like to carry their studies a bit further.

MICHAEL CAGNO

BEN D'ARLON

PRONUNCIATION

Italian pronunciation is easy. Here are the most important rules:

a — pronounced as the "a" in **parlor**
e — pronounced as the "e" in **lemon**
i — pronounced as the "i" in **marine**
#o — pronounced as the "o" in **porter**
u — pronounced as the "oo" in **boot**

— There is a difference between closed and open "e" and "o", but it is beyond the purpose of this book to make such fine distinctions.

II—The consonants:

c — pronounced like "k" before **"a", "o"** and **"u"**.
Examples: cane, conto, cupola

c — pronounced like the "ch" in **church** before **"e"** or **"i"**
Examples: cena, cintura

ch — occurs only before **"e"** or **"i"** and is pronounced like **"k"**
Examples: chiudere, amiche

g — has the hard sound of the **"g"** in **go** before **"a", "o",** o **"u"**
Examples: gatto, agosto, guerra.

g — has the soft sound of the **"g"** in **general** before **"e"** or **"i"**
Examples: generale, giornale

gh — occurs only in front of **"e"** or **"i"** and has the guttural sound of the "g" in **go.**
Examples: righe, aghi

gli — has the sound of **"ll"** in **million**
Examples: maglia, medaglia
Exceptions: negligente, glicerina, and a few other words, in which it is pronounced like the "gli" in **English.**

gn — has a slightly stronger sound than the first **"n"** in **onion**
Examples: pugno, bagni, campagna

r — the Italian **"r"** is more trilled than in English and, in pronouncing it, the tongue slightly touches the upper teeth. Examples: rumore, regina, rosa

sc — pronounced like the **"sh"** in **shoe** in front of **"e"** or **"i"** Examples: scendere, scivolare, sciogliere

The **other consonants** are pronounced approximately as in English.

Double consonants in Italian have a much stronger sound than the single consonants.

Examples: gatto, accidente, carro, cassa, aggiungere.

IMPORTANT SIGNS

Vietato fumare — No smoking
Vietato l'ingresso — No admittance
Non sporgersi dal finestrino — Do not lean out of the window
Entrata — Entrance
Uscita — Exit
Donne or **signore** — Women
Uomini or **signori** — Gentlemen
Partenza — Departure
Arrivo — Arrival
Fermata obbligatoria — Trolley or bus stop (regular stop)
Fermata facoltativa — Trolley or bus stop (at request)
Pedoni — Pedestrians
Spingere — Push
Bussare — Knock
Non toccare — Do not touch
Pericolo! — Danger
Alt! — Stop
Rallentare — Slow
Velocità massima 50 chilometri—Maximum speed 50 kilometers
Senso unico — One way
Senso vietato — No thoroughfare
Tenere la destra (sinistra) — Keep to the right (left)
Strada in costruzione — Road under construction
Curva pericolosa — Dangerous curve
Attenti ai treni — Look out for trains
Passaggio a livello — Grade crossing
Pericolo di morte — High tension wires (danger of death)
Divieto di sosta — No parking
Completo — Full car (or bus)

ESPRESSIONI UTILI PER IL TURISTA

USEFUL EXPRESSIONS FOR THE TOURIST

LA DOGANA
The customs

Ha nulla da dichiarare?
Have you anything to declare?
Ha tabacco, sigarette, articoli di seta?
Have you tobacco, cigarettes, articles of silk?
Queste sigarette sono per uso personale.
These cigarettes are for personal use.
Sono venuto in Italia per una gita di piacere.
I have come to Italy on a pleasure trip.
Non ho altro da dichiarare.
I have nothing else to declare.
Devo pagare dogana per questi articoli?
Must I pay duty on these articles?
Devo riempire questo modulo?
Must I fill in this form?
Mi rimborseranno la tassa quando riparto?
Will they refund the tax when I leave the country?
Posso chiudere le mie valigie?
May I close my bags?

I BAGAGLI
Baggage

Mi chiami un facchino (or portabagagli) per piacere.
Please call a porter.
Mi aspetti qui.
Wait for me here.
Porti queste valigie con cura.
Carry these valises carefully.
Quanto è la tariffa?
What is the rate?

Cinquanta lire al pezzo.
Fifty lire each.
Le darò una buona mancia.
I will give you a good tip.
Dov'è l'ufficio informazioni?
Where is the bureau of information?
Voglio assicurare questo bagaglio.
I want to insure this baggage.
Mi dia la ricevuta, per piacere.
Give me the receipt please.
Mi chiami un tassì, per piacere.
Call me a taxi please.
Ho anche un baule nel deposito bagagli.
I also have a trunk in the baggage room.
Lo vada a prendere, per piacere.
Go and take it if you please.

ALLA STAZIONE
At the station

Desidero un biglietto per..........
I want a ticket for..........
Costa meno se prendo un biglietto di andata e ritorno?
Is it cheaper if I take a round trip ticket?
Per quanti giorni sono validi questi biglietti?
For how many days are these tickets valid?
Voglio prendere il treno delle tredici e venti.
I want to take the 13:20 (1:20) train.
Voglio parlare con il capostazione.
I wish to speak to the station master.
Viaggerà con lo stesso treno il mio bagaglio?
Will my baggage go on the same train as I?
Ho perduto la ricevuta del mio bagaglio assicurato.
I have lost the insurance receipt of my baggage.
Ho la chiave, e posso dirle il contenuto.
I have the key and I can tell you what it contains.
C'è qualcuno che parli inglese qui?
Is there someone who speaks English here?
Questo non è il mio bagaglio.
This is not my baggage.

È in ritardo il treno?
  Is the train late?
Posso prenotare due posti per Roma?
  May I reserve two seats for Rome?
Dov'è la sala d'aspetto?
  Where is the waiting room?
Quanto impiega il treno da qui a Roma?
  How long does it take the train to get to Rome?

SUL TRENO

On the train

C'è una carrozza ristorante in questo treno?
  Is there a dining car on this train?
Vuol vedere il mio biglietto?
  Do you want to see my ticket?
Quanto tempo si ferma qui il treno?
  How long does the train stop here?
C'è il tempo di prendere un boccone?
  Is there time to have a bite?
È occupato questo posto?
  Is this seat taken?
È libero questo posto?
  Is this seat free?
Permette che apra il finestrino?
  Will you allow me to open the window?
Vuole che chiuda il finestrino? C'è una corrente d'aria.
  Do you wish me to close the window? There is a draft.
Mi vuol favorire un fiammifero, per piacere?
  May I have a match please?
Le disturba se fumo?
  Does the smoke bother you?
Niente affatto.
  Not at all.
Posso offrire una sigaretta?
  May I offer you a cigarette?
Dov'è il gabinetto?
  Where is the lavatory?

IN UN TASSÌ

In a taxi

Avete una tariffa fissa?
Have you a fixed rate?
No, si paga l'ammontare che segna il tassametro.
No. You pay whatever the meter shows.
Mi porti all'albergo.
Please take me to the hotel.
Prenda la via più breve perchè ho premura.
Take the shortest road because I am in a hurry.
Vada più presto.
Go faster.
Vada più piano.
Go slower.
Vogliamo vedere i luoghi più importanti della città.
We would like to see the most important spots of the city.
Ci indichi tutto ciò che è d'interesse.
Please point out to us anything of interest.
Che palazzo è quello?
What building is that?
Quale chiesa è quella?
What church is that?
Vogliamo scendere per qualche minuto.
We should like to get out for a few minutes.
Ci aspetti qui.
Wait for us here.
Venga a prenderci alle cinque.
Come for us at 5 o'clock.
Quanto le dobbiamo?
How much do we owe you?
È troppo. Il suo tassametro non funziona bene.
It is too much. Your meter doesn't work well.
Se non mi fa un prezzo giusto chiamerò una guardia.
If you don't charge me a fair price I will call an officer.
Non mi sento bene. Mi porti da un buon dottore.
I don't feel well. Take me to a good doctor.
Ho mal di denti. Mi porti da un dentista.
I have a toothache. Drive me to a dentist.

A quest'ora il dentista non ci sarà.

At this hour the dentist is probably not in his office.

Allora mi porti in una farmacia.

Well then, drive me to a pharmacy.

Ecco una mancia per lei.

Here is a tip for you.

NELL'ALBERGO

At the Hotel

Ha lei la carta d'identità?

Have you an identification card?

No, ma ho il mio passaporto.

No, but I have my passport.

Ecco il mio nome ed indirizzo.

Here is my name and address.

Vorrei una camera a due letti.

I would like one room with two beds.

       — con letto matrimoniale

       a double bed

       — con bagno

       with bath

       — con acqua corrente

       with running water

Vorrei una camera per una notte soltanto.

I would like a room for one night only

       — per una settimana

       for a week

       — per alcuni giorni

       for a few days

Mi dispiace, tutte le camere sono occupate.

I'm sorry, all the rooms are taken.

Mi può indicare qualche altro buon albergo?

Can you direct me to some other good hotel?

Questa stanza non mi piace tanto.

This room does not please me very much.

Me ne faccia vedere un'altra.

Please show me another room

       — una migliore

       a better one

— una che costi meno
one that costs less
— una al primo o secondo piano
one on the first or second floor
— una che dia sulla strada principale
a room that faces the main street

Questa mi piace di più. La prendo.
I like this one better. I will take it.

Prendo questa per adesso.
I will take this one for the time being.

Spero che potrà darmene una migliore al più presto.
I hope that you will be able to give me a better room as soon as possible.

— fra qualche giorno
in a few days

Faccia portare i miei bagagli in camera.
Have my bags taken to my room.

Dov'è l'ascensore?
Where is the elevator?

Mi dia la chiave della mia camera.
Please give me the key to my room.

Dov'è l'interruttore elettrico?
Where is the electric switch?

È lei la cameriera?
Are you the maid?

Mi faccia pulire le scarpe.
Please have my shoes shined.

Mi faccia spazzolare e stirare questo vestito.
Please have this suit cleaned and pressed.

Mi faccia lavare la biancheria.
Please have my laundry done.

Vorrei questa giacca pulita a secco.
I would like to have this coat dry cleaned.

Mi porti dell'acqua calda, del sapone ed un asciugamano.
Bring me some hot water, some soap and a towel.

Desidero farmi una doccia.
I want to take a shower

— un bagno caldo
a hot bath

Farò colazione in camera mia.
I shall have breakfast in my room.

Mi faccia chiamare alle otto domani mattina.
Give me a ring at eight o'clock tomorrow morning.

Se qualcuno mi telefona dica che ritornerò alle tre.
If someone telephones me, please say that I'll be back at three o'clock.

Aspetto qualcuno. Quando viene gli dica di aspettarmi
I am expecting someone, when he comes tell him to wait for me

— **nella sala di lettura.**
in the reading room.

— **nella sala dei fumatori.**
in the smoking room.

— **nel vestibolo.**
in the vestibule.

Mi dia il conto.
Please give me the bill.

Il conto non mi sembra giusto.
The bill doesn't look right to me.

Ci deve essere un errore.
There must be a mistake.

Se arriva posta per me, me la faccia recapitare a quest'indirizzo.
If there is mail for me, please have it forwarded to this address.

NEL RISTORANTE
At the Restaurant

Ci può dare una tavola per quattro?
Please let us have a table for four.

Ne ha una vicino alla finestra?
Is there one near the window?

Hanno un pranzo a prezzo fisso?
Have you a dinner at a fixed price?

Preferiamo ordinare alla carta.
We prefer to order a la carte.

Ci dia la lista delle vivande.
Bring us the menu.

Ci porti del vino rosso (bianco, dolce, secco).
Bring us some red wine (white, sweet, dry).

Mi porti una bottiglia di birra.
Bring me a bottle of beer.

Ci porti del caffè nero.
Bring us some black coffee.
> **— del caffelatte**
> some coffee and milk
> **— del tè**
> some tea
> **— della cioccolata**
> some cocoa

Ci porti del ghiaccio.
Bring us some ice.

Ci porti l'antipasto prima.
Bring us the appetizers first.

Piatti di carne più comuni:
Most common meat dishes:

— una bistecca
a beef steak
— dello spezzatino
some stew
— del rosbiffe
some roast beef
— del fegato
some liver

— delle costolette d'agnello
some lamb chops
di maiale
pork chops
di vitello
veal cutlets (or chops)
— del pollo arrosto
roast chicken

Questa carne è troppo cotta.
This meat is too well done.
> **— è ancora un po' cruda**
> it is still a little raw.

Contorni più comuni:
Most common side dishes:

— fagiuoli
beans
— bietole
beets
— funghi
mushrooms
— asparagi
asparagus
— peperoni
peppers

— fagiolini
string beans
— carote
carrots
— cipolla
onion
— olive
olives
— lattuga
lettuce

— piselli
peas
— patate fritte
fried potatoes
— purè di patate
mashed potatoes
— sedani
celery
— pomodori
tomatoes

Ci porti del pane o dei panini.
Bring us some bread or rolls.
Ci porti del formaggio.
Bring us some cheese.
Desidero un po' d'insalata
I want some salad.
Desidero una frittata d'uova.
I want an omelette.

    — **delle uova sode**
    hard boiled eggs
    — **delle uova fritte**
    fried eggs
    — **delle uova bollite**
    boiled eggs

Condimenti più comuni:
Most common condiments:

— **del sale**	— **del pepe**	— **dell'aceto**
salt	pepper	vinegar
— **dell'olio**	— **dello zucchero**	
oil	sugar	

Mi porti ancora un po' di burro.
Please bring me a little more butter.

Ci porti della frutta:
Bring us some fruit:

— **mele**	— **pere**	— **fichi**	— **ciliegie**
apples	pears	figs	cherries
— **arance**	— **mandarini**	— **pesche**	— **albicocche**
oranges	tangerines	peaches	apricots
— **prugne**	— **uva**	— **fragole**	— **melone**
plums	grapes	strawberries	mellon
— **castagne**	— **noci**	— **mandorle**	
chestnuts	walnuts	almonds	

Mi porti un pezzo di torta.
Bring me a piece of cake.
Questo bicchiere è un po' sporco. Me ne porti uno pulito.
This glass is a bit dirty. Bring me a clean one.

Utensili da Tavola:
Table utensils:

— il coltello
the knife
— la forchetta
the fork
— il cucchiaio
the spoon
— il cucchiaino
the teaspoon
— il bicchiere
the glass

— la bottiglia
the bottle
— il piatto
the plate
— la tazza
the cup
— il piattino
the saucer
— la tovaglia
the tablecloth

— il tovagliuolo
the napkin
— il portacenere
the ash tray
— la saliera
the saltcellar
— il portapepe
the pepper shaker

Cameriere, ci porti il conto per piacere.
Waiter, bring us the check please.
Tenga il resto.
Keep the change.

DAL GIOIELLIERE
At the jeweller's

Mi può riparare quest'orologio?
Can you repair this watch for me?
Si è rotta la molla.
The spring is broken.
Si è rotto il cristallo.
The crystal is broken.
Vorrei una cinghietta nuova.
I would like a new strap.
Mi vuol mostrare un orologio da polso?
Can you show me a wrist-watch?
Ha una sveglia piccola?
Have you a small alarm clock?
Quest'orologio va avanti (indietro) cinque minuti al giorno.
This watch is fast (slow) five minutes a day.

Per piacere mi mostri:
Please show me:
— un anello
a ring
— un braccialetto
a bracelet
— una spilla
a pin

— 18 —

Desidero un anello
  I want a ring
    — **d'oro**   — **d'argento**   — **di platino**
    of gold   of silver   of platinum
Quando sarà pronto il mio orologio?
  When will my watch be ready?
Quanto le debbo?
  How much do I owe you?

IN UNA PROFUMERIA
In a perfume shop

Desidero una bottiglia di acqua di colonia.
  I want a bottle of cologne.
Questo profumo non mi piace tanto.
  This perfume does not please me very much.
Me ne mostri uno migliore.
  Show me something better.
Mi dia:
  Give me:
    — **un dentifricio**   — **dello smalto per le unghie**
      toothpaste   nail polish
    — **uno spazzolino da denti**   — **dell'acetone**
      toothbrush   nail polish remover
    — **un tubetto di rossetto**   — **della cipria**
      per le labbra   powder
      a tube of lipstick   — **un pettine**
    —**del sapone per la barba**   a comb
      shaving cream   — **una rete**
                                        a net

Vende lei delle pellicole?
  Do you sell film here?
Me ne dia tre rullini per questa macchina fotografica.
  Give me three rolls for this camera.

CHIEDENDO INFORMAZIONI
Seeking information

Mi può indicare una farmacia, per piacere?
  Can you tell me where there is a pharmacy, please?
C'è un buon ristorante qui vicino?
  Is there a good restaurant nearby?

C'è un tranvai o un autobus che vada al centro della città?
Is there a street-car or a bus which goes midtown?

Quanto tempo ci vorrà andando a piedi?
How long will it take to go there on foot?

È lontano da qui?
Is it far from here?

È meglio prendere un tassì o una carrozza?
Is it better to take a taxi or a carriage?

Mi vuol chiamare una carrozza per piacere?
Would you get me a carriage, please?

Mi può dire dove posso comprare un dizionario tascabile?
Can you tell me please, where I can buy a pocket dictionary?

Devo andare in questa direzione?
Must I go this way?

Sì, alla terza traversa volti a destra (a sinistra).
Yes, at the third crossing turn to the right (to the left).

E poi?
And then?

E poi è meglio che domandi di nuovo.
Then it will be better if you ask someone again.

UNIT I

GREETINGS

Buon giorno, signore — Good morning, sir.
Buona sera, signora — Good evening, madam
Arrivederla, signorina — Until we meet again, miss.
Come sta, signor Rossi? — How are you, Mr. Rossi?
Molto bene, grazie. E lei? — Fine, thank you, and you?
Addio (familiar) — Goodbye.

SOME COMMON NAMES

Carlo — Charles
Giovanni — John
Giuseppe — Joseph
Antonio — Anthony
Michele — Michael
Roberto — Robert
Maria — Mary
Rosa — Rose
Elena — Helen

Caterina — Catherine
Vincenzo — Vincent
Francesco — Frank
Luigi — Louis
Giacomo — James
Margherita — Margaret
Elisabetta — Elizabeth
Francesca — Frances
Lucia — Lucy

NUMBERS 1-20

1—uno
2—due
3—tre
4—quattro
5—cinque

6—sei
7—sette
8—otto
9—nove
10—dieci

11—undici
12—dodici
13—tredici
14—quattordici
15—quindici

16—sedici
17—diciassette
18—diciotto
19—diciannove
20—venti

VOCABULARY:

A

il ragazzo — the boy
la ragazza — the girl
il libro — the book
la penna — the pen
la matita — the pencil
il maestro — the teacher
la lezione — the lesson
la classe — the class
la parola — the word
il colore — the color

italiano — Italian
americano — American
dove — where
quando — when
questo — this
molto — much, very
qui — here
là — there
quanto costa? — how much does it cost?

bianco — white
rosso — red
nero — black
giallo — yellow
verde — green

il dollaro — the dollar
la lira — the lira
la valigia — the suitcase
il biglietto — the ticket
la borsetta — the handbag
un paio di guanti — a pair of gloves
la casa — the house
pulito — clean
sporco, sporchi — dirty
bello — beautiful
felice — happy
contento — satisfied
buono — good
nuovo — new
vecchio — old
parlare — to speak, to talk

la famiglia — the family
la madre — the mother
il padre — the father
il fratello — the brother
la sorella — the sister
il nonno — the grandfather
la nonna — the grandmother
il cugino — the cousin
la cugina — the cousin
il cognato — the brother-in-law
la cognata — the sister-in-law
elegante — stylish, elegant
differente — different

che cosa? — what?
sì, no — yes, no
ma — but
non (before the verb) — not

B

la camera or **la stanza** — the room
la porta — the door
la finestra — the window
facile — easy
difficile — difficult
grande — big, large
portare — to bring, to carry
piccolo — small
lavorare — to work
imparare — to learn
pranzare — to dine, to have dinner
studiare — to study
cantare — to sing
ballare — to dance

C

gentile — kind
oggi — today
ieri — yesterday
domani — tomorrow
stamattina or **questa mattina** — this morning
bene — well
ogni — every
come — as, how, like
anche — also, too
sempre — always
troppo — too much
con — with
poco — little
non... (verb) **...mai** — never

il MARITO

la MOGLIE

il FIDANZATO

LESSON I

I—The verb **avere**—to have

PRESENT (PRESENTE)

Singular	Plural
io ho—I have	**noi abbiamo**—we have
tu hai—you have (famil.)	**voi avete**—you have (familiar)
lei ha—you have (polite)	**loro hanno**—you have (polite)
egli ha—he has	**essi hanno**—they have
essa ha—she has	**esse hanno**—they have (fem.)

Ella

NOTES 1—The **egli, essa** and **lei** forms for the singular, and the **essi, esse** and **loro** forms for the plural are always the same. Hereafter only the **lei** and **loro** forms will be given.

2—Although the person who travels in Italy will probably use the **io** and **lei** forms almost exclusively, it may well be worth the effort to learn all the forms.

3—The polite forms **lei** and **loro** are normally written with a small "l". However they are usually written with a capital "L" in writing a letter to a person you hold in high esteem, as a sign of respect.

PRESENT PERFECT (PASSATO PROSSIMO)

io ho avuto—I had, I have had	**noi abbiamo avuto**
tu hai avuto	**voi avete avuto**
lei ha avuto	**loro hanno avuto**

FUTURE (FUTURO)

io avrò—I shall or will have	**noi avremo**
tu avrai	**voi avrete**
lei avrà	**loro avranno**

II—**The definite articles:** There are seven ways of saying "the" in Italian. The **four** most common forms are: **il, la, i** and **le**.

Examples: **il libro, i libri, la penna, le penne**

III—**The indefinite articles:** There are also seven indefinite articles in Italian. The **four** most common forms are: **un, una** (a, an), **dei** and **delle** (some).

Examples: **un libro, dei libri, una penna, delle penne**

NOTE: The three remaining forms of the definite and indefinite articles will be taken up in a later lesson.

IV—**Gender of nouns:** All nouns in Italian are either masculine or feminine. Almost all those ending in **o** are masculine and form their plural by changing **o** to **i**.

The great majority of nouns ending in **a** are feminine and form their plural by changing **a** to **e**.

Nouns ending in **e** are either masculine or feminine. In either case they change **e** to **i** to form the plural.

Examples: **il ragazzo — i ragazzi**
la matita — le matite
il cane — i cani
la classe — le classi

V—**Adjectives:** Adjectives agree in gender and number with the nouns they modify, and form their plural in the same manner as the nouns. They generally follow the noun.

Examples: **il ragazzo buono — i ragazzi buoni**
la ragazza buona — le ragazze buone
un ragazzo gentile —dei ragazzi gentili
una ragazza gentile — delle ragazze gentili.

EXERCISES

I—**Replace the dash by the definite and indefinite articles:**

——libro	——lira	——colore	——valigie
——matita	——classe	——guanti	——fratelli
——dollaro	——parola	——cognata	——lezioni
——matite	——nonno	——sorelle	——borsetta
——maestri	——cugine	——biglietti	——finestre

II—Change to the plural: Ex: il libro nuovo — i libri nuovi

1. il ragazzo gentile — 2. una ragazza gentile — 3. un dollaro americano — 4. una lira italiana — 5. la matita nuova — 6. un libro vecchio — 7. la ragazza buona — 8. il ragazzo felice — 9. un biglietto nuovo — 10. la penna rossa — 11. Egli avrà un libro — 12. Io avrò un dollaro — 13. Lei non avrà la penna — 14. Che cosa ha lei? — 15. Io ho avuto una casa — 16. Tu hai una bella sorella — 17. Egli avrà la valigia — 18. Il nonno ha una camera grande — 19. Non hai avuto il dollaro? — 20. Essa ha una borsetta nuova.

III—Translate the following sentences into English:

1. Quanto costa questo libro? — 2. Quanti fratelli ha lei? — 3. Lei non avrà mölti dollari — 4. Il biglietto costa sei dollari — 5. Avete voi una buona camera? — 6. Io ho due fratelli ed una sorella — 7. Abbiamo delle camere molto belle — 8. Essi hanno molte lire italiane — 9. Maria ha dei guanti eleganti — 10. Non avete una valigia nuova?

IV—Translate the following sentences into Italian:

1. The boy has a new pen — 2. How many dollars do we have? — 3. I will not have many lire — 4. He has many American dollars — 5. What did I have yesterday? — 6. What did you have this morning? — 7. I have a very beautiful room — 8. Do you have some tickets? — 9. What will you have tomorrow? — 10. How much does the suitcase cost?

LESSON II

I—The verb **essere**—to be

PRESENT (PRESENTE)

Singular	Plural
io sono—I am	**noi siamo**—we are
tu sei—you are	**voi siete**—you are
lei è—you are	**loro sono**—you are

PRESENT PERFECT (PASSATO PROSSIMO)

io sono stato (a)—I have been	**noi siamo stati (e)**
tu sei stato (a)	**voi siete stati (e)**
lei è stato (a)	**loro sono stati (e)**
egli è stato	**essi sono stati**
essa è stata	**esse sono state**

NOTE: When the helping verb is **essere** the past participle agrees with the subject.

FUTURE (FUTURO)

io sarò—I will or shall be	**noi saremo**
tu sarai	**voi sarete**
lei sarà	**loro saranno**

II—Possessives — my, mine: **il mio libro, i miei libri**

la mia penna, le mie penne

Io ho il libro di Maria ed essa ha il mio.
I have Mary's book and she has mine.

NOTES 1—The possessive adjective or pronoun agrees with the "thing" possessed. It is preceded by the definite article except in the singular when the adjective is followed by a member of the family or relative: **mio fratello, mia cugina,** BUT: **i miei fratelli, le mie cugine.**

2—Notice that "Mary's book" is translated into Italian as if it were "the book of Mary".

EXERCISES

I—A-Replace the dash by the Italian word meaning "my":

——dollari	——camera	——case
——cugina	——cognata	——fratelli
——biglietto	——colori	——finestra
——lezione	——nonna	——borsetta
——maestre	——ragazze	——padre

B-In the above exercise replace the dash by the definite and indefinite articles.

II—Change to the plural:

1. Essa è una signora gentile — 2. Tu avrai una camera pulita — 3. Io sono americana — 4. Dove è stata essa? — 5. Ieri io sono stato qui — 6. La mia stanza è molto grande — 7. Dove sarà lei domani? — 8. La penna verde non è qui — 9. Dove sei stato tu stamattina? — 10. Dove è il mio libro rosso?

III—Translate into English:

1. Lei è molto gentile, signora — 2. Noi non siamo italiani — 3. Anche lei avrà una valigia nuova — 4. Questi biglietti saranno buoni domani — 5. È stata qui la signora Parlati? — 6. È questa una penna nuova? — 7. Anche essi sono stati qui ieri — 8. Dove sono i guanti di Elena? — 9. Molte ragazze saranno qui domani — 10. Hanno loro molti fratelli, signorine?

IV—Translate into Italian:

1. My American dollars will always be good — 2. How much does my ticket cost? — 3. These boys are very good — 4. Where are my new suitcases? — 5. We shall have an Italian teacher — 6. What will you have tomorrow, sir? — 7. I shall not be here tomorrow — 8. These words are not very difficult — 9. My Italian book is red — 10. She was not here this morning — 11. The black gloves are very elegant — 12. Good evening, Miss Rosati. How are you? — 13. Where have you been, Mary? — 14. Frank's sister shall have a new pair of gloves.

LESSON III

I—Verbs of the first conjugation.

The great majority of Italian verbs end in **"are"** and belong to the first conjugation. With the exception of a few irregular ones they are conjugated like the model verb given below.

COMPRARE—TO BUY

PRESENT

Singular	Plural
io compro—I buy, I do buy, I am buying	**noi compriamo**
tu compri	**voi comprate**
lei compra	**loro comprano**

(In order to form the present of any regular verb ending in **"are"** drop **"are"** and add: **O** for **io, I** for **tu, A** for **lei, egli or essa; IAMO** for **noi, ATE** for **voi,** and **ANO** for **loro, essi, esse**)

PRESENT PERFECT

io ho comprato—I bought, I have bought	**noi abbiamo comprato**
tu hai comprato	**voi avete comprato**
lei ha comprato	**loro hanno comprato**

(The present perfect is formed by the present of AVERE and the past participle of the desired verb. The past participle of verbs ending in **"are"** is formed by dropping **"are"** and adding **"ato"**)

FUTURE

io comprerò—I will or shall buy	**noi compreremo**
tu comprerai	**voi comprerete**
lei comprerà	**loro compreranno**

(The future of first conjugation verbs is formed by adding: **erò, erai, erà, eremo, erete, eranno** to the stem of the verb)

II—**Possessives:** our, ours: **il nostro maestro, i nostri maestri**

la nostra casa, le nostre case

EXERCISES

I—**Replace the dash by Italian words meaning "my" and "our"**

——guanti	——fratelli	——valigia	——penna
——fratello	——finestre	——cugine	——madre
——sorelle	——classi	——nonna	——cugino
——finestra	——stanze	——casa	——camera
——cugini	——libri	——dollari	——parole

II—**In the following sentences change the verbs to the future and to the present perfect. Translate the sentences into English.**

1. Io imparo la parola italiana — 2. Tu compri una valigia nera — 3. Questo ragazzo lavora molto — 4. Mio cugino parla bene italiano — 5. Essi camminano molto — 6. Mia sorella pranza qui ogni sera — 7. Che cosa porti in questa valigia? — 8.Noi guardiamo i guanti rossi — 9. Lei impara le parole facili — 10. Lavorate voi ogni mattina?

III—**Change the following sentences to the plural**

1. Ho comprato una valigia nuova — 2. Essa imparerà la parola facile — 3. Tu parli sempre troppo — 4. A chi ha portato i guanti? — 5. Questa signora lavora poco — 6. La nostra camera è piccola — 7. Questa mattina ho studiato poco, ma ho imparato molto — 8. Lei, signora, canta e balla bene — 9. Mia cognata pranzerà con noi — 10. Sei contenta di aver comprato il biglietto?

IV—**Translate the following sentences into Italian:**

1. These words are easy — 2. A boy brought this book — 3. Tomorrow we'll dine here — 4. He speaks Italian very well — 5. Our rooms are very small — 6. Where have you dined? — 7. Is this handbag too small? — 8. When will you bring the pen? — 9. My room has a white door — 10. Our rooms are not very large — 11. My cousins bought the tickets — 12. Where are you sending the books? — 13. We shall buy some black gloves — 14. My father bought a large house.

UNIT II

THE WEATHER:

Fa bel tempo — The weather is fine
Fa cattivo tempo — The weather is bad
Fa caldo — It is warm
Fa fresco — It is cool
Fa freddo — It is cold
Tira vento — It is windy
Il sole brilla — The sun is shining
Piove — It is raining   *la pioggia*
Nevica — It is snowing   *la neve*

TIME:

Che ora è? — What time is it?
È mezzogiorno — It is noon
È mezzanotte — It is midnight
Sono le dodici — It is twelve o'clock
È l'una — It is one o'clock
Sono le due — It is two o'clock
Sono le tre, ecc. — It is three o'clock, etc.
È l'una e mezzo — It is half past one
Sono le cinque e mezzo — It is half past five
È l'una e un quarto — It is a quarter after one
È l'una meno un quarto — It is a quarter to one
È l'una e cinque — It is five after one
È l'una meno sette — It is seven to one
Sono le sette e un quarto — It is a quarter after seven
Sono le otto meno un quarto — It is a quarter to eight
Sono le dieci e dieci — It is ten minutes past ten
Sono le undici meno cinque — It is five to eleven

VOCABULARY:

A *i pantaloni*

il vestito — the suit   **i calzoni** — the trousers
la giacca — the jacket   **il panciotto** — the vest

— 30 —

il cappotto - top coat.

le **mutande** — the shorts
la **camicia** — the shirt
  (pl. **camicie**)
il **colletto** — the collar
la **cravatta** — the necktie
le **scarpe** — the shoes
le **soprascarpe**—the rubbers
i **calzini** — the socks
il **soprabito** — the overcoat
l'**impermeabile** — the raincoat
l'**ombrello** — the umbrella
la **veste** — the dress
la **sottana** — the slip

la **camicetta** — the blouse
la **gonna** — the skirt
le **calze** — the stockings
la **cintura** — the belt
il **fazzoletto** — the handkerchief
di lana — woolen
di cotone — cotton (of)
di seta — silk (of)....(1)
mangiare — to eat
cambiare — to change
mandare — to send *plural*
mi piace, mi piacciono—I like(2)
non...(verb)...**nulla** — nothing
camminare — to walk

il vestito - dress

B

la cena - supper,   *la seconda colazione - lunch*

il **pranzo** — the dinner
la **tavola** — the table
il **posto** — the place (seat)
la **bottiglia** — the bottle
il **bicchiere** — the glass
il **coltello** — the knife
la **forchetta** — the fork
il **cucchiaio** — the spoon
il **cucchiaino**—the tea spoon
la **tovaglia**—the tablecloth
il **tovagliuolo**—the napkin
il **piatto** — the plate
il **piattino** — the saucer
la **tazza** — the cup
il **cameriere** — the waiter

→ tovagliolo

vendere — to sell
ripetere — to repeat
credere — to believe, to think
vedere — to see
mettere — to put, to put on
che — that, which, whom
veramente — really
soltanto — only - *solo/solamente*
ho caldo — I am warm
ho freddo — I am cold
c'è, ci sono — there is, there are
del, della — some
prima — before, first
poi, dopo — after
sopra — on

for. 5/28

C

il **ristorante** — the restaurant
l'**antipasto** — the appetizer

il **minestrone** — vegetable
  soup
gli **spaghetti** — spaghetti

---

(1) **di lino**—linen (of) — **di velluto**—velvet (of)
(2) **ti piace**—you like (fam.) — **le piace**—you like (pol.)
  le piace—she likes — **gli piace**—he likes — **ci piace**—we like

il **brodo** — soup
l'**arrosto** — the roast
il **pollo** — chicken
il **pollo arrosto** — roast chicken
la **carne** — meat
il **pesce** — fish
il **formaggio** — cheese
il **pane** — bread
l'**uovo**, le **uova** — egg, eggs
l'**insalata**—the salad
la **frutta** — fruit
il **caffè** — coffee
lo **zucchero** — sugar
ho **fame** or **appetito** — I am hungry

ho **sete** — I am thirsty
ho **sonno** — I am sleepy
il **conto** — the check
capire (isco) — to understand
spedire (isco) — to mail
pulire (isco) — to clean
preferire (isco) — to prefer
sentire — to hear
dormire — to sleep
servire — to serve
perciò — therefore
invece — instead
senza — without
ecco — here is, here are

il dito
le dita } finger

l'osso
le ossa } bone.

LESSON IV

I—Second conjugation verbs:

Verbs ending in **"ere"** belong to the second conjugation. With the exception of the irregular verbs they are conjugated like the model verb given below:

PERDERE—to lose

PRESENT

Singular	Plural
io perdo—I lose, I do lose, I am losing	**noi perdiamo**
tu perdi	**voi perdete**
lei perde	**loro perdono**

PRESENT PERFECT

io ho perduto—I lost, I have lost	**noi abbiamo perduto**
tu hai perduto	**voi avete perduto**
lei ha perduto	**loro hanno perduto**

FUTURE

io perderò—I will or shall lose	**noi perderemo**
tu perderai	**voi perderete**
lei perderà	**loro perderanno**

NOTE—Future of "vedere" is: **io vedrò, tu vedrai**, etc.

II—Possessives:

Your, yours (polite singular), **his, her, hers**
  il suo libro, i suoi libri,
  la sua penna, le sue penne.

Lei ha il mio libro, ma io ho il suo.

(You have my book, but I have yours)

Their, theirs, your, yours (polite plural), **il loro libro, i loro libri.**

la loro penna, le loro penne

EXERCISES

I—Change to the plural and translate into English

1. Egli ha perduto il suo libro — 2. Tu camminerai molto — 3. Hai venduto la casa? — 4. Essa vedrà la sua cravatta — 5. Io mangerò tutta la verdura — 6. Lei non ha ripetuto la parola — 7. Io non ho creduto questa storia — 8. Lei ha mandato i libri a Lucia — 9. Porterai il mio vestito domani? — 10. Io ho cambiato il fazzoletto.

II—Replace the dash by the Italian words meaning "his" and "their"

——piatto ——fazzoletti ——calzini
——scarpe ——insalata ——cravatte
——carne ——vestito ——colletto
——coltelli ——bicchiere ——forchetta
——antipasto ——camicie ——tazze

III—To the following verb stems add the endings of the future and of the present

1. Essa ved—— le calze — 2. Noi impar—— la lezione — 3. Lei pranz—— alle dodici — 4. Essi cred—— ogni cosa — 5. Tu ripet—— la stessa cosa — 6. Carlo vend—— il biglietto — 7. Voi ved—— i piatti — 8. Io perd—— sei dollari — 9. Elena mand—— le calze — 10. Loro pranz—— con noi — 11. Dove mett—— voi il libro? — 12. Le signore mand—— i pacchi — 13. Tu perd—— sempre la penna — 14. Io non ved—— nulla — 15. I ragazzi cred—— ogni cosa — 16. Esse studi—— troppo.

IV—Translate into English

A—Ieri io ho comprato un vestito nuovo. Mio fratello ha comprato dei colletti, cinque o sei cravatte, tre camicie bianche ed un paio di scarpe. Anche mia sorella ha comprato molte cose: una veste di lana, tre paia di calze di seta, una camicetta e dodici fazzoletti.

B—Quando viaggiamo mangiamo sempre in un ristorante. Ieri abbiamo mangiato in un ristorante piccolo ma pulito. È stato un pranzo molto buono. Tutti abbiamo mangiato prima l'antipasto, poi il minestrone, e poi pollo arrosto con insalata. Abbiamo terminato il pranzo con caffè nero e frutta.

V—Translate into Italian

1. We shall have dinner at noon — 2. Mary, your stockings are not very clean — 3. Your silk stockings and your woolen dress are very stylish, Miss Borgese — 4. I don't think that he will believe this — 5. John has sold his raincoat and has bought an overcoat instead — 6. I shall change this blouse. I don't like it. (omit "it") — 7. The waiter has brought the check. I shall pay — 8. How much do six handkerchiefs cost?—9. What shall we have after dinner? We shall have some coffee and some fruit — 10. At every place the waiter is putting a plate, a fork, a spoon, a tea spoon, a knife, a glass, a cup and a saucer, and a clean napkin.

LESSON V

I—Third conjugation verbs:

Verbs ending in "ire" belong to the third conjugation. In the **present,** however, they are of two kinds: the normal ones and the "isco" verbs. Learn the two model verbs below:

PRESENT

dormire—to sleep   **finire**—to finish

io dormo—I sleep, I do sleep,   **io finisco**—I finish, I do finish,
    I am sleeping   I am finishing
tu dormi   **tu finisci**
lei dorme   **lei finisce**
noi dormiamo   **noi finiamo**
voi dormite   **voi finite**
loro dormono   **loro finiscono**

NOTE: A third conjugation verb is usually an **"isco"** verb if only one consonant precedes the ending **"ire"**. There are exceptions.

PRESENT PERFECT   FUTURE

io ho dormito—I have slept,   **io dormirò**—I will or shall sleep
    I slept
tu hai dormito   **tu dormirai**
lei ha dormito   **lei dormirà**
noi abbiamo dormito   **noi dormiremo**
voi avete dormito   **voi dormirete**
loro hanno dormito   **loro dormiranno**

II—Possessives:

Your, yours (familiar singular)
         il tuo libro, i tuoi libri
         la tua penna, le tue penne
             Questo è il mio libro; dov'è il tuo?
             (This is my book; where is yours?)

il vostro libro, i vostri libri
la vostra penna, le vostre penne

EXERCISES

Your, yours (familiar plural)

I—Replace the dash by the proper form of "tuo", "suo" and "vostro"

——calze	——camicetta	——uova
——calzini	——pane	——bicchiere
—impermeabile	——spaghetti	——uovo
——veste	——tazza	——bottiglia
——vino	——posti	——colletti

II—To the following verb stems add the endings of the present and future

1. Carlo fin—— il lavoro. — 2. Essi sent—— molto bene. — 3. Egli non cred—— questo. — 4. Le ragazze pul—— la tavola. — 5. Noi camb—— i guanti. — 6. Io sped—— la lettera. — 7. Lei cammin—— poco. — 8. La signora serv—— la frutta. — 9. Io mett—— il soprabito. — 10. Che cosa prefer—— voi? 11. Essi ved—— ogni cosa. — 12. Lei mang—— troppo. — 13. Tu non cap—— niente! — 14. Io perd—— il fazzoletto. — 15. Voi dorm—— troppo. — 16. Cap—— essi questa lettera?

III—Change to the plural and translate into English:

1. Io ho pulito la scarpa. — 2. Che cosa preferisce lei? — 3. A chi spedirai la veste? — 4. Tu dormirai bene. — 5. Preferisci questa camicia? — 6. Il cameriere pulisce la tavola. — 7. Che cosa hai veduto, ragazzo? — 8. La signora ha servito del caffè. — 9. Dove ha pranzato suo fratello? — 10. Io non ho spedito il vestito.

IV—Translate into English:

A—Mia cugina Maria compra sempre delle vesti molto buone ed eleganti. Oggi ha comprato una veste di cotone ed una di lino. Sono veramente belle! Io invece ho comprato una camicetta di seta bianca per sette dollari.

B—La valigia che vedi là è di mio cugino. Ti piace? Quando viaggia egli mette sempre le sue mutande, le sue camicie, i suoi fazzoletti e molte altre cose in questa valigia, che è ancora nuova.

V—Translate into Italian:

1. Mary has bought a silk dress and a very pretty belt. — 2. When it rains I put on my(1) rubbers and I also carry an umbrella. — 3. If you are cold why don't you put on your(1) overcoat? — 4. I like meat when (it) is warm. — 5. If it is cold I shall put on my(1) overcoat. — 6. Here is your tie and here are your shoes. — 7. I don't like these socks. — 8. Do you like my white suit? — 9. What to you see on the table? — 10. Your shirt is not very clean, Joseph.

----

(1)—Omit the possessive adjective.

LESSON VI

I—Definite and indefinite articles (continued from Lesson I)

THE: **"l' "** is used in front of a singular noun (masc. or fem.) beginning with **a vowel.**

Examples: **l'uomo** (man), **l'acqua**

"lo" is used in front of a singular masculine noun beginning with **z** or **s impura** (s followed by a consonant)

Examples: **lo zio, lo zucchero, lo specchio, lo studente**
But: **la zia, la stanza, la studentessa**

"gli" is used in front of masculine plural nouns beginning with **a vowel, z,** or **s impura**

Examples: **gli zii, gli amici, gli specchi**
But: **le zie, le amiche, le stanze**

A, AN: **"un' "** is used in front of singular feminine nouns beginning with **a vowel**

Examples: **un'amica, un'ora, un'insalata**
But: **un amico, un orologio, un uomo**

"uno" is used in front of singular masculine nouns beginning with **z** or **s impura**

Examples: **uno zio, uno specchio, uno studente**
But: **una zia, una stanza, una studentessa**

SOME: **"degli"** is used in front of plural masculine nouns beginning with **a vowel, z** or **s impura**

Examples: **degli amici, degli zii, degli studenti**
But: **delle amiche, delle zie, delle studentesse**

II—The contractions

The following prepositions: A (to), DA (from, at a persons's house, store, etc), DI (of), IN (in, into), SU (on) when followed by the definite article unite with it and form the following contractions. They are used in the same manner as the articles.

	il	lo	l'	la	i	gli	le
a	al	allo	all'	alla	ai	agli	alle
da	dal	dallo	dall'	dalla	dai	dagli	dalle
di	del	dello	dell'	della	dei	degli	delle
in	nel	nello	nell'	nella	nei	negli	nelle
su	sul	sullo	sull'	sulla	sui	sugli	sulle

Examples: **Io parlo al ragazzo** — I speak to the boy.

I libri sono negli armadi — The books are in the closets.

La penna è sulla tavola — The pen is on the table.

NOTE: The preposition **con** contracts only with **il** and **i** to form **col** and **coi**.

EXERCISES

I—**Change "a" to the plural and "b" to the singular, even though you may not know the meaning of some of the words:**

A—il padre   lo zero   lo scaffale   la classe
lo stivale   la zia   l'opera   l'anima
il nonno   lo studio   l'alunno   l'orologio
la cugina   la madre   la strada

B—gli asini   gli oggetti   gli ospedali   le sedie
gli studenti   le sigarette   i compagni   gli amici
i soffitti   le italiane   i giorni   le acque
la lezione   i verbi   le vesti

II—Put in front of the following words the contractions meaning "to the", "of the", "on the", "from the" and "in the":

——vestito   ——fazzoletti   ——scarpe
——calzoni   ——bicchiere   ——ristoranti
——camicia   ——valigia   ——macchina
——gonna   ——ombrello   ——famiglie

III—Translate the English words into Italian; then translate all the sentences into English.

1. Voi parlate **with the** studenti. — 2. Egli cammina **with the** amico. — 3. Il piatto è **on the** tavola. — 4. Il caffè è **in the** tazze. — 5. Egli mangia **at the aunt's.** — 6. È un regalo **from the** nonna. — 7. La carta è **on the** tavola. — 8. Egli parla sempre **of the** ragazze. — 9. Essi hanno bevuto **some** latte. — 10. Noi beviamo **some** acqua. — 11. Essa manda la lettera **to the** zio. — 12. Maria scrive **to the** amiche.

IV—Translate the following sentences into English:

1. Oggi fa bel tempo. Il sole brilla, ma tira un po' di vento e fa fresco. — 2. Queste parole non sono molto difficili. Quando uno studia nulla è difficile. — 3. La stanza dove io lavoro non è grande, ma è bella. Ci sono due finestre, ed il sole entra quasi sempre, specialmente da mezzogiorno alle cinque. — 4. Queste scarpe sono vecchie. Domani comprerò un paio di scarpe nuove ed anche delle camicie. — 5. Questa sera pranzeremo alle sei nel piccolo ristorante in Via Flaminia. Lì uno spende poco e mangia sempre bene.

V—Translate the following sentences into Italian:

1. This coffee is too sweet; there is too much sugar. — 2. Today the weather is beautiful and I am warm. — 3. I like to eat bread and cheese or bread and fruit. — 4. Why haven't you eaten anything today? Aren't you hungry? — 5. I am cleaning my shoes because they are dirty. It is not raining now. — 6. He always drinks a bottle of red wine at dinner.

UNIT III

I MESI DELL'ANNO — The Months of the Year

gennaio—January
febbraio—February
marzo—March
aprile—April
maggio—May
giugno—June

luglio—July
agosto—August
settembre—September
ottobre—October
novembre—November
dicembre—December

LE STAGIONI — The seasons

la primavera—Spring
l'estate—Summer

l'autunno—Fall
l'inverno—Winter

I GIORNI DELLA SETTIMANA — The Days of the Week

lunedì—Monday
martedì—Tuesday
mercoledì—Wednesday

giovedì—Thursday
venerdì—Friday
sabato—Saturday

domenica—Sunday

VOCABULARY

A

l'acqua—water
il vino—wine
la birra—beer
il dolce—the dessert, candy
il gelato—ice cream
la salsa—sauce
la verdura—green vegetables
le patate—potatoes
il burro—butter
l'olio—oil
l'aceto—vinegar
il sale—salt

incontrare—to meet
mostrare—to show
trovare—to find
ballare—to dance
cantare—to sing
cenare—to have supper
ricevere—to receive
mi dia—give me
per piacere—please
un po' di—a little, some
che!—what a...!
così—so, thus

il **pepe**—pepper
abitare—to live (dwell)
guardare—to look

B

l'ufficio postale—the post office
la lettera—the letter
la busta—the envelope
il francobollo—the stamp
l'indirizzo—the address
la cartolina—the post card
la lettera raccomandata—the registered letter
la ricevuta—the receipt
il pacco—the package
il telegramma—the telegram
il telefono (telefonare) — telephone
la chiesa—the church
il negozio—the store, shop
la vetrina—the show case

C

la cucina—the kitchen
il salotto—the living room
la camera da letto—the bed room
una camera ammobigliata — a furnished room
il bagno—the bath, bathroom
il gabinetto—the toilet
i mobili—the furniture
la sedia—the chair
il tavolino—the small table
il divano—the sofa
la poltrona—the easy chair
la radio—the radio
la lampada—the lamp
la lampadina—the bulb
la luce elettrica—electric light

bene—well
ora, adesso—now
non...(verb) che—only

i fiori—the flowers
il commesso—the salesman
il padrone—the owner
il prezzo—the price
giocare—to play
dimenticare—to forget
toccare—to touch
masticare—to chew
piegare—to fold, to bend
asciugare—to dry
pregare—to pray, to beg
spiegare—to explain
condire—to season
gustoso—tasty
è troppo caro—it is too dear
ciò che—what (that which)
un mese fa—a month ago

il calorifero—the radiator
l'ascensore—the elevator
il frigorifero—the refrigerator
incominciare—to begin
avere bisogno di—to need
forse—perhaps
tanto—so much
già—already
ancora—yet, still
lungo (lunghi)—long
vuoto—empty
pieno—full
comodo—comfortable
scomodo—uncomfortable
infelice—unhappy
amaro—bitter

LESSON VII

I—Some irregular verbs

The following is a list of some very common verbs whose past participles are irregular. With the exception of "scegliere" they are regular in the **present** and **future**. The first person of the **present perfect** is given below:

accendere—to light	io ho acceso
aprire—to open	io ho aperto
chiudere—to close	io ho chiuso
coprire—to cover	io ho coperto
dividere—to divide	ii ho diviso
leggere—to read	io ho letto
mettere—to put	io ho messo
offrire—to offer	io ho offerto
prendere—to take	io ho preso
rendere—to give back	io ho reso
rispondere—to answer	io ho risposto
rompere—to break	io ho rotto
#scegliere—to choose	io ho scelto
spegnere—to put out (a light, fire)	io ho spento
spendere—to spend	io ho speso
vincere—to win	io ho vinto

#The presente of **scegliere** is: **io scelgo, tu scegli, lei sceglie noi scegliamo, voi scegliete, loro scelgono**

II—The verb BERE (bevere)—to drink:

PRESENT — **io bevo, tu bevi, lei beve
noi beviamo, voi bevete, loro bevono**
PRESENT PERFECT — **io ho bevuto, tu hai bevuto,** etc.
FUTURE — **io berrò, tu berrai, lei berrà
noi berremo, voi berrete, loro berranno**

EXERCISES

I—In the following sentences change the verbs to the present perfect and to the future:

1. Lucia rompe il bicchiere. — 2. Essi aprono le valigie. — 3. Voi scrivete molte lettere. — 4. Egli accende la lampada. — 5. Egli copre bene i suoi libri. — 6. Perchè spegni la luce? — 7. Io rendo il denaro a Maria. — 8. Noi dividiamo il denaro. — 9. Quanto spendi al giorno? — 10. Dove mettete le camicie? — 11. Essa sceglie la veste più bella. — 12. Essi prendono il caffè.

II—Replace the dash by the definite and indefinite articles and by the proper forms of "al" and "del":

——ristorante	——uovo	——zii
——specchio	——orologio	——tovagliuoli
——uova	——studenti	——piattino
——zucchero	——insalata	——amici
——tazze	——studio	——scarpe

III—Translate into English:

A—Maria, per piacere, apri un po' la finestra. Oggi fa troppo caldo, specialmente nella mia camera. Non c'è che una finestra. Apri anche la porta.

B—Molti giorni fa ho ricevuto una lettera dal mio amico Carlo, ma non ho ancora risposto. Risponderò stasera o domani.

C—Oggi Elena ha speso molto denaro. Ha visitato molti negozi ed ha scelto delle cose molto belle ma, naturalmente, molto care. Essa non guarda mai i prezzi nelle vetrine.

D—Abbiamo scritto molte lettere e cartoline ai nostri amici. Io ho mandato due lettere raccomandate, una a mio padre ed una alla zia Caterina. Su ogni busta abbiamo scritto l'indirizzo ed abbiamo messo il francobollo.

IV—Translate into Italian:

1. Where did you put my gloves? — 2. Charles, have you offered some candies to the young ladies? — 3. What have you taken from my bag? — 4. They have closed the door but have opened the windows. — 5. I have not lit the lamp because there is light yet. — 6. Yesterday they won ten dollars. How much did you lose? — 7. The glass that the waiter has brought is not very clean. — 8. Tomorrow is Friday and we shall not eat meat. We shall eat fish instead. — 9. We always have supper at seven. At night we don't eat much. — 10 Grandfather is always sleepy after nine.

LESSON VIII

I—Verbs ending in "care" and "gare"

In conjugating verbs ending in "care" and "gare" you must remember to insert an "h" between the "c or "g" of the stem and an ending beginning with "e" or "i". This occurs in the "tu" and "noi" forms of the present and in the whole future. Study the following models:

cercare—to look for   **pagare**—to pay

PRESENT

io cerco	io pago
tu cerchi	tu paghi
lei cerca	lei paga
noi cerchiamo	noi paghiamo
voi cercate	voi pagate
loro cercano	loro pagano

FUTURE

io cercherò	io pagherò
tu cercherai	tu pagherai
lei cercherà	lei pagherà
noi cercheremo	noi pagheremo
voi cercherete	voi pagherete
loro cercheranno	loro pagheranno

II—Direct object pronouns. Study the following:

Carlo mi vede—Charles sees me.
Carlo ti vede—Charles sees you. (familiar sing.)
Carlo lo vede—Charles sees him or it.
Carlo la vede—Charles sees her or it.
Carlo la vede—Charles sees you (polite sing. masc. and fem.)

Carlo ci **vede**—Charles sees us.
Carlo vi **vede**—Charles sees you. (fam. pl.)
Carlo li **vede**—Charles sees them. (masc.)
Carlo le **vede**—Charles sees them. (fem.)
Carlo li **vede**—Charles sees you. (polite pl., masc.)
Carlo le **vede**—Charles sees you. (polite pl. fem.)
Carlo ne **vede**—Charles sees some (of it or of them)

NOTES: 1—A direct object pronoun answers the question "Whom?" or What?"

3—The past participle of the present perfect agrees with the preceding direct object. Examples:

Io ho comprato la penna — Io l'ho comprata
Egli ha venduto i libri — Egli li ha venduti.

EXERCISES

I—**Rewrite the following sentences replacing the words in bold type by direct object pronouns:**

1. Io incontro **il ragazzo.** — 2. Essa lava **i piatti.** — 3. Ho invitato **le signorine.** — 4. Chi ha rotto **la tazza?** — 5. Essa vedrà **le fotografie.** — 6. Essi bevono **del latte.** — 7. Dove incontrerai **us?** — 8. Dove hai messo **i miei guanti?** — 9. Chi canterà **la canzone?** — 10. Perchè non hai aperto **il libro?** — 11. Non dimenticherò mai **you,** signorina. — 12. Essa non vede **me.** — 13. Domani compreremo **dei francobolli.** — 14. Quando rivedrò **you,** Carlo?

II—**Change the verbs to the present and to the future, and then to the plural.**

1. Essa **ha giocato** con i ragazzi. — 2. Io **ho dimenticato** la penna. — 3. **Ha toccato** i miei libri? — 4. Tu non **hai spiegato** le parole. — 5. Essa ha **asciugato** i piatti. — 6. Io **ho pregato** in chiesa. — 7. **Hai masticato** bene la carne? — 8. Lei **ha pagato** troppo. — 9. Dove **hai cercato** la cravatta? — 10. Egli **ha piegato** i miei calzoni.

III—Translate into English:

Ieri, domenica, abbiamo pranzato a casa di mio fratello. Mia cognata ha servito prima un antipasto eccellente, poi del brodo di pollo e poi degli spaghetti. Dopo degli spaghetti abbiamo mangiato del pollo arrosto con insalata. Abbiamo finito il pranzo con caffè, frutta e dolci. Abbiamo incominciato a mangiare alle dodici e mezzo ed abbiamo finito alle tre meno un quarto.

"La tua insalata è molto gustosa", ho detto (I said) a mia cognata. "Come l'hai condita?". Ed essa ha risposto: "L'ho condita semplicemente con sale, pepe, aceto, e dell'olio molto buono". "Ora capisco", ho continuato io, "il segreto della buona insalata è nel puro olio d'oliva. Però non soltanto l'insalata è stata buona, ma tutto il pranzo è stato veramente eccellente."

IV—Translate into Italian:

1. In the window (show case) of this store there are always very beautiful things. The owner and the salesgirls are very kind. — 2. This morning I met my friend Henry's sisters. Where did you meet them? I met them at the post office. — 3. What a pleasure to walk in the morning when the weather is fine! The sun shines but it is not too hot. — 4. I shall not forget to show (to) my cousin the beautiful things (that) I bought yesterday in Mr. Rossi's store.

LESSON IX

I—**dare**—to give   **fare**—to do, to make   **dire**—to say, tell

PRESENT

io do	io faccio	io dico
tu dai	tu fai	tu dici
lei dà	lei fa	lei dice
noi diamo	noi facciamo	noi diciamo
voi date	voi fate	voi dite
loro danno	loro fanno	loro dicono

PRES. PERF.

io ho dato	io ho fatto	io ho detto
tu hai dato	tu hai fatto	tu hai detto
lei ha dato	lei ha fatto	lei ha detto
noi abbiamo dato	noi abbiamo fatto	noi abbiamo detto
voi avete dato	voi avete fatto	voi avete detto
loro hanno dato	loro hanno fatto	loro hanno detto

FUTURE

io darò	io farò	io dirò
tu darai	tu farai	tu dirai
lei darà	lei farà	lei dirà
noi daremo	noi faremo	noi diremo
voi darete	voi farete	voi direte
loro daranno	loro faranno	loro diranno

II—The forms of the demonstrative adjective **quello, (that)** and **quei, (those)** follow the same rules as the definite article, i.e.

il libro — quel libro	i libri — quei libri
lo zio — quello zio	gli zii — quegli zii
lo specchio — quello specchio	gli specchi — quegli specchi
l'amico — quell'amico	gli amici — quegli amici
la casa — quella casa	le case — quelle case

III—**Demonstrative pronouns:** The word **quello** used as a pronoun has only the four regular forms (**quello, quella, quelli, quelle**):

Questo libro mi piace; quello non mi piace
Questi ragazzi studiano; quelli non studiano
Questi studenti sono italiani; quelli sono inglesi

EXERCISES

I—**Change to the plural:**

1. Essa dice che partirà. — 2. Che cosa fai lì? — 3. Io non ho detto questo. — 4. A chi hai dato il denaro? — 5. Io faccio il mio dovere (duty). — 6. A chi dirai ciò? — 7. Io do il libro a Elena. — 8. Lei farà il lavoro.

II—**Change to the singular:**

1. Che cosa fanno essi tutto il giorno? — 2. Perchè non dite la verità — 3. Essi danno i fiori alle signore? — 4. Esse non hanno detto tutto. — 5. Voi farete tutto il lavoro. — 6. Noi lo diremo alla mamma. — 7. Non hanno fatto nulla loro? — 8. A chi darete i fiori?

III—**Translate the English verbs into Italian:**

1. Noi **give** sempre a chi ha bisogno. — 2. Non ho sentito bene ciò che **you have said**, signorina. — 3. Che cosa **have they given** alle signorine? — 4. Non mi piace ciò che **you have done**, Enrico. — 5. Capisci tu ciò che egli **is saying?** — 6. Che cosa **will you do** quando io non sarò più qui? — 7. Che cosa **are they doing** in quel negozio? — 8. Io **shall give** i miei guanti nuovi a mia sorella. — 9. Perchè **don't you do** questo adesso? — 10. Quei ragazzi non **say** mai la verità.

IV—**Place the proper form of "quel" in front of the following words:**

——libri	——specchio	——amici
——poltrona	——olio	——mobili
——tavolino	——amica	——pacco
——sedie	——zucchero	——cartoline
——zii	——arance	——lampada

V—Translate into English:

Questa mattina alle otto ho ricevuto una lettera raccomandata dal mio vecchio amico Giovanni. Egli scrive che ha comprato una bella casa nuova e ci invita a pranzo. Dice che ci sono sei stanze nella sua casa: cucina, sala da pranzo, salotto e tre camere da letto. Ha comprato tutti i mobili nuovi: divano, poltrone, lampade, una bella radio, ecc. Noi saremo molto felici di andare a visitarlo(1). Anche noi speriamo di comprare una casa nuova, ma adesso è molto difficile trovare case. Nella casa dove abitiamo adesso siamo già troppi. Non solo il nonno e la nonna, ma anche due zii abitano con noi. Siamo veramente scomodi ed abbiamo bisogno di molte stanze.

VI—Translate into Italian:

1. You dance so well, Miss Mazzetti! Please give me your address. — 2. I like Spring because it is the season of flowers and the weather is almost always beautiful. — 3. He likes only two days of the week: Saturday and Sunday, because on those days he does not work. — 4. Waiter, I need some salt and a little pepper for my meat. — 5. In my furnished room all the furniture is almost new. — 6. Hasn't he received my registered letter yet? Perhaps he will receive it tomorrow. — 7. What a beautiful show window this store has! Aren't those dresses elegant? — 8. Have you told your friend Mary where you put her gloves? She will look for them, and probably will not find them.

(1) The direct object pronoun is attached to the infinitive.

UNIT IV

NUMBERS:

21—ventuno	80—ottanta
22—ventidue	90—novanta
23—ventitrè	100—cento
24—ventiquattro	101—cento uno
25—venticinque	102—centodue, ecc
26—ventisei	200—duecento
27—ventisette	1000—mille
28—ventotto	1001—mille e uno
29—ventinove	1100—mille e cento
30—trenta	1101—mille cento uno
40—quaranta	2000—duemila
50—cinquanta	3000—tremila
60—sessanta	10000—diecimila, ecc.
70—settanta	1000000—un milione

DATES:

Quanti ne abbiamo oggi? — What is today's date?

Oggi ne abbiamo dodici. — Today is the 12th.

    or

Oggi è il dodici novembre. — Today is the 12th of November.

NOTE—In Italian the cardinal numbers instead of the ordinal numbers are used in telling the date. However, for the first of the month the word **"primo"** is used.

    Example: **Oggi è il primo dicembre.**

AGE:

    — **Quanti anni ha lei?** — How old are you?

    — **Io ho 26 anni.** — I am 26 years old.

ORDINAL NUMBERS:

primo — first	**quarto** — fourth
secondo — second	**quinto** — fifth
terzo — third	**sesto** — sixth

settimo — seventh
ottavo — eighth
nono—ninth

decimo — tenth
undicesimo — 11th
dodicesimo — 12th

BUT—ventitreesimo — 23rd; trentatreesimo — 33rd

VOCABULARY:

A

la città—the city
la strada, la via—the street
il viale—the boulevard
il teatro—the theatre
andare a teatro—to go to the theatre
l'opera—the opera
il cinema—the movie house
il film, la pellicola—the film
il palazzo—the palace, building
il treno—the train
la stazione—the station
l'automobile (fem.)—the automobile
la campagna—the country
gli alberi—the trees
alberato—tree lined
la montagna—the mountain
l'aria—the air
il mare—the sea

il porto—the port
la spiaggia—the seashore, beach
fare i bagni—to go bathing
il costume da bagno—the bathing suit
il luogo (i luoghi)—the place
il denaro—the money
la carrozza, la vettura — the carriage
la sorpresa—the surprise
almeno—at least
insieme—together
distrutto—destroyed
peccato!—too bad!, what a pity!
la verità—the truth
i saluti—greetings, regards
solo—alone
sicuro—sure
una volta—once

B

l'uomo, gli uomini—man, men
la donna—the woman
il soldato—the soldier
la voce—the voice
il bambino—the child
simpatico—pretty, charming
intelligente—intelligent
viaggiare—to travel
accompagnare—to accompany
promettere—to promise

restare—to remain
rimanere (sono rimasto) — to remain
conoscere—to know (a person, a place)
addormentarsi—to fall asleep
divertirsi—to have a good time
svegliarsi—to awaken
vestirsi—to dress

sentirsi bene, male — to feel well, unwell

farsi la barba—to shave

farsi il bagno—to bathe

fare colazione—to have breakfast

fare una gita—to go on an outing

fare un viaggio—to take or make a trip

avere da fare—to be busy

raffreddarsi—to catch a cold, to get cold

annoiarsi—to be bored

accontentarsi di—to be satisfied with

alzarsi—to get up

C

l'altro giorno—the other day

la settimana scorsa—last week

il mese venturo or prossimo — next month

due anni fa[1]—two years ago

iersera—last night

in orario—on time

in fretta—in a hurry

presto—early, quick, soon

lentamente—slowly

di buon'ora—early

tardi—late

poco fa—a while ago

fra poco—in a little while

proprio ora—just now

prima di[2]—before

appena—hardly, as soon as

poichè—since, inasmuch as

al più presto—as soon as possible

spesso—often

in parte—partly

nè...nè—neither...nor

disgraziatamente—unfortunately

con dolore—with regret

qualche volta—sometimes

al contrario—on the contrary

volentieri—willingly

mi dispiace—I am sorry

pazzo—crazy, mad

[1]—The word **"fa"** after an expression of time means "ago".

[2]—The infinitive is used after a preposition.
  Example: **Prima di uscire**—before going out.

LESSON X

potere—to be able to, may, can	sapere—to know	volere—to want

PRESENT

io posso	io so	io voglio
tu puoi	tu sai	tu vuoi
lei può	lei sa	lei vuole
noi possiamo	noi sappiamo	noi vogliamo
voi potete	voi sapete	voi volete
loro possono	loro sanno	loro vogliono

PRESENT PERFECT

io ho potuto	io ho saputo	io ho voluto
tu hai potuto	tu hai saputo	tu hai voluto
lei ha potuto	lei ha saputo	lei ha voluto
noi abbiamo potuto	noi abbiamo saputo	noi abbiamo voluto
voi avete potuto	voi avete saputo	voi avete voluto
loro hanno potuto	loro hanno saputo	loro hanno voluto

FUTURE

io potrò	io saprò	io vorrò
tu potrai	tu saprai	tu vorrai
lei potrà	lei saprà	lei vorrà
noi potremo	noi sapremo	noi vorremo
voi potrete	voi saprete	voi vorrete
loro potranno	loro sapranno	loro vorranno

II—Comparison of adjectives

A—The words **"come"** (as) or **"quanto"** (as much as) are used in comparison of equality.

Example:
> **Egli è buono come suo fratello.**
> He is as good as his brother.
> **Questo libro costa quanto quello.**
> This book costs as much as that one.

B—The words **"più"** (more) or **"meno"** (less) are used in comparisons of inequality. The word **"than"** in such comparisons is rendered by **"di"** or its contraction with the definite article, if a noun, a pronoun or a number follows. Otherwise it is rendered by the word **"che"**.

Examples:
> **Luisa mangia meno di Maria.**—Louise eats less than Mary.
> **Essi sono più ricchi di noi.**—They are richer than we.
> **Ho più di sei dollari.**—I have more than six dollars.
> **Essa è più alta del fratello.**—She is taller than her brother.
> **Essa è più bella che intelligente.** — She is prettier than she is intelligent.

C—The **relative superlative** is used when the comparison is between more than two persons or things. It is formed by putting the definite article before **"più"** or **"meno"**. In sentences where the superlative is used the English word **"in"** is translated by **"di"** (or a contraction of **"di"** with the definite article).

Examples:
> **Essa è la più bella di tutte.**—She is the most beautiful of all.
> **Pietro è il meno studioso.**—Peter is the least studious.
> **Egli è il più ricco uomo del mondo.**—He is the richest man in the world.

D—The **absolute superlative** expresses a very high characteristic of the person or object to which it refers, but without any relation to other persons or objects. Italians are very fond of using it. In order to form the absolute superlative of an adjective add **-ssimo** to the masculine plural form.

Examples:

Egli è un mio carissimo amico.—He is a very dear friend of mine.

Questi alberi sono altissimi.—These trees are very very high.

Mia zia è ricchissima.—My aunt is very rich.

E—**Learn the following irregular adjectives and adverbs:**

better—adj. migliore		**the best** —adj. il migliore	
—adv. meglio		—adv. il meglio	
worse—adj. peggiore		**the worst**—adj. il peggiore	
—adv. peggio		—adv. il peggio	

Examples:

Carlo è il mio migliore amico.—Charles is my best friend.

Tu canti meglio di me.—You sing better than I.

Tu scrivi peggio di me.—You write worse than I.

EXERCISES

I—**In the following sentences change the verbs to the Present and Future:**

1. Maria non ha voluto cantare. — 2. Noi abbiamo saputo la verità. — 3. Non hai potuto studiare? — 4. Essi hanno voluto cenare. — 5. Io non ho saputo rispondere. — 6. Come avete potuto fare questo? — 7. Perchè non hai voluto mangiare? — 8. Noi non abbiamo voluto camminare. — 9. Come hanno saputo il mio indirizzo? — 10. Non ho potuto scrivere prima.

II—**Translate the English verbs into Italian:**

1. Lei **may** restare qui. — 2. Anche noi **want** cantare. — 3. Do **you know** che cosa ha detto? — 4. Essi **will be able to** venire. 5. Il babbo **will not know** questo. — 6. Anche loro **will want** ballare. — 7. Come **can** dire questo tu? — 8. Essi **don't know** queste cose. — 9. Elena **does not want** lavorare. — 10. Io **don't want** scrivere oggi.

III—**Compare the following adjectives as indicated by the example given:**

Example: caldo: più caldo, il più caldo, caldissimo.

ricco	nuova	gustoso	comoda
freddi	difficile	gustosa	pulite
gentile	felici	infelice	piccoli
caro	grande	sporchi	pieno

IV—Translate the English words into Italian:

1. Questa strada è **the longest in the** città. — 2. La Scala di Milano è **the best** teatro d'opera **in** Italia. — 3. Il fratello non è **as intelligent as** la sorella. — 4. Queste arance non sono **as tasty as** le altre. — 5. Roma è una **of the most beautiful** città **in the** mondo. — 6. Rosanna è **prettier than** Emilia. — 7. Piazza San Pietro è **very very large.** — 8. Tu scrivi **better than** quel ragazzo. — 9. Mio padre compra sempre **the best** libri. — 10. Tu hai lavorato **more than** tuo cugino. — 11. Costanza è **my dearest** amica. — 12. Il Duomo di Milano è una **of the largest** chiese **in the** mondo. — 13. Torino non è **as large as** Napoli. — 14. Questo libro costa **less than** l'altro. — 15. Questa borsetta è **exceedingly beautiful.**

V—Read aloud and translate into English:

L'anno scorso, da (as a) soldato, ho visitato Roma per la prima volta. È una città veramente bella. Non dimenticherò mai la Basilica di San Pietro con la sua bella ed immensa piazza, i palazzi del Vaticano ed altri luoghi di importanza storica. Ma Roma non è soltanto una città antica come molti credono. Al contrario, è allo stesso tempo una città molto moderna, con dei viali larghi ed alberati, e dei palazzi bellissimi. E le signorine di Roma sono non solo simpatiche, moderne ed eleganti, ma anche molto gentili.

VI—Translate the following sentences into Italian:

1. I don't know why, but today I cannot work. — 2. My gloves are cleaner than yours. — 3. He doesn't know as much as his sister. — 4. They want to go to bed before nine o'clock. — 5. Lucy doesn't speak Italian as well as her sister. — 6. We cannot do this work because it is too difficult. — 7. How can they know what (ciò che) we are saying or what we are doing? — 8. He says that men[1] are more intelligent than women.[1] — 9. The other day she bought a very beautiful dress, the best in the store. — 10. I am telling (a) these boys something very, very important.

---

[1]—The definite article is used in front of a substantive used in a general sense.

LESSON XI

I—The irregular verbs

andare—to go	venire—to come	uscire—to go out

PRESENT

io vado	io vengo	io esco
tu vai	tu vieni	tu esci
lei va	lei viene	lei esce
noi andiamo	noi veniamo	noi usciamo
voi andate	voi venite	voi uscite
loro vanno	loro vengono	loro escono

PRESENT PERFECT

io sono andato (a)	io sono venuto (a)	io sono uscito (a)
tu sei andato (a)	tu sei venuto (a)	tu sei uscito (a)
lei è andato (a)	lei è venuto (a)	lei è uscito (a)
egli è andato	egli è venuto	egli è uscito
essa è andata	essa è venuta	essa è uscita
noi siamo andati(e)	noi siamo venuti (e)	noi siamo usciti (e)
voi siete andati (e)	voi siete venuti (e)	voi siete usciti (e)
loro sono andati (e)	loro sono venuti (e)	loro sono usciti (e)
essi sono andati	essi sono venuti	essi sono usciti
esse sono andate	esse sono venute	esse sono uscite

NOTE—The above three verbs and some others such as **entrare**
(to enter), arrivare (to arrive), **partire** (to leave, depart),
restare (to remain) take the present of essere as an
auxiliary verb in forming the PRESENT PERFECT. In
such cases the past participle agrees in **gender** and
number with the subject. Thus, if a woman is saying
"**I have gone**" she will say "**Io sono andata**", and if you
are saying "you have gone out" to a lady you will say
"**Lei è uscita**".

FUTURE

io andrò	io verrò	io uscirò
tu andrai	tu verrai	tu uscirai
lei andrà	lei verrà	lei uscirà
noi andremo	noi verremo	noi usciremo
voi andrete	voi verrete	voi uscirete
loro andranno	loro verranno	loro usciranno

II—The indirect object pronouns: Study the following:

Carlo mi parla.—Charles speaks to me.
Carlo ti parla.—Charles speaks to you (familiar sing).
Carlo le parla.—Charles speaks to you (polite sing.), to her.
Carlo gli parla.—Charles speaks to him.
Carlo ci parla.—Charles speaks to us.
Carlo vi parla.—Charles speaks to you (fam.pl.)
Carlo parla loro.—Charles speaks to you (polite pl.), to them (masc. or fem.).

NOTES:—The indirect object pronouns answer the question "to whom?" These pronouns must be used even though very often the word "to" is omitted in English, as in the sentence: "I sent him a letter".

These pronouns are placed before the verb, except **loro** which always follows the verb. Like the direct object pronouns they are also attached to the infinitive **(loro excepted)**.

Example: **Voglio scrivergli subito.**
I want to write to him soon.

EXERCISES

I—Change to the plural:

Io esco col ragazzo.
Vai tu al cinema?
Con chi verrai tu?
Sei venuta sola?
Perchè non esci anche tu?
A che ora è partita?
Domani verrò presto.
La signora è uscita poco fa.
Dove andrai stasera?
Essa non viene mai qui.

II—Change to the singular:

Esse sono già uscite.
Gli uomini andranno prima.
Esse escono con Carlo.
Siamo arrivati alle sei.
Essi vanno a teatro.
Sono sicuro che verranno.
Siete venuti proprio ora?
Domani andremo al cinema.
Voi venite sempre tardi.
Noi siamo andati in chiesa.

III—Translate the English verbs into Italian:

1. Esse (are coming, have come, will come) insieme. — 2. A che ora (are you leaving, will you leave, have you left), signora? — 3. Carlo, perchè non (go out, have gone out, will go out) con Rosina? — 4. Lei (arrive, will arrive, have arrived) sempre in orario. — 5. Noi (go, have gone, will go) in chiesa ogni domenica. — 6. Voi (enter, will enter, have entered) prima di noi. — 7. Rosella (comes, has come, will come) con le sue amiche. — 8. I ragazzi (go, have gone, will go) a scuola ogni giorno.

IV—In the following sentences replace the words in bold type by pronouns:

1. Egli venderà la casa **to us**. — 2. Porteremo i fiori **alle signore**. — 3. Sono sicuro che parlerà **to you**. — 4. Perchè non hai scritto **to me**? — 5. Essa darà la penna **to her**. — 6. Io inviterò **la signorina**. — 7. Manderò i fiori **to you**, signorine. — 8. Perchè non scrivi **a Giorgio**? — 9. La signora dà il caffè **ai signori**. — 10. Darò i libri **to you**, ragazzi. — 11. Telefonerò stasera **a Caterina**. — 12. Noi portiamo **i fiori** alla zia.

V—Read the following passage aloud, then translate it into English:

Domani io e mia sorella andremo alla spiaggia. Resteremo lì almeno una settimana e faremo i bagni ogni giorno, se non piove. Abbiamo già comprato dei costumi da bagno nuovi poichè quelli dell'anno scorso non sono più buoni. Il mio è rosso e quello di mia sorella è giallo.

La mamma non potrà venire con noi poichè non sta molto bene ed il dottore le ha detto che per lei l'aria di montagna è migliore. Perciò essa ed il babbo andranno in montagna invece. A noi signorine, però, piace di più l'aria di mare.

VI—Translate the following sentences into Italian:

1. Tonight we shall go to the movies. We shall see a very good film. There we shall meet our friends. — 2. Where are you going? I am going to the theater with my brother and his friend. Why don't you come also? — 3. I am sorry, but I cannot come. I shall go tomorrow night if I have (future) time. — 4. Rosella and her friend Franca are two charming young ladies. They always go out together. — 5. Have you written to Mary's brother? Not yet, I shall write to him in a little while.

LESSON XII

I—The imperfect tense:

comprare—to buy	vedere—to see	finire—to finish
io compravo—I used to buy, I was buying	io vedevo—I used to see, I was seeing	io finivo—I used to finish, I was finishing
tu compravi	tu vedevi	tu finivi
lei comprava	lei vedeva	lei finiva
noi compravamo	noi vedevamo	noi finivamo
voi compravate	voi vedevate	voi finivate
loro compravano	loro vedevano	loro finivano

NOTES:—The imperfect is a past tense and is used in descriptions or to express an action which was continuous, repeated or habitual.

Examples:—**Io camminavo in fretta.**—I was walking in a hurry.
Egli andava spesso al cinema.—He often went to the movies.
Essi scrivevano ogni settimana.—They used to write every week.

Practically all verbs are regular in the imperfect tense. Learn the following irregular ones:

essere: io ero (I was), tu eri, lei era,
noi eravamo, voi eravate, loro erano

fare: io facevo, tu facevi, lei faceva,
noi facevamo, voi facevate, loro facevano

dire: io dicevo, tu dicevi, lei diceva,
noi dicevamo, voi dicevate, loro dicevano

bere: io bevevo, tu bevevi, lei beveva,
noi bevevamo, voi bevevate, loro bevevano

II—The disjunctive pronouns: Study the following:

Egli parla con me—He talks with me
Egli parla con te—He talks with you (fam. sing.)
Egli parla con lei—He talks with you (pol. sing.), with her
Egli parla con lui—He talks with him
Egli parla con noi—He talks with us
Egli parla con voi—He talks with you (fam. pl.)
Egli parla con loro—He talks with you (pol. pl.), with them
(masc. or fem.)

NOTE:—The pronouns given above are generally used after prepositions. The other prepositions you ought to know are:

a—to	**di**—of	**su**—on
da—from	**in**—in	**per**—for

EXERCISES

I—Replace the infinitive by the proper form of the imperfect:

1. dare—Essa mi ...... sempre qualche cosa.
2. dormire—Io ...... almeno otto ore.
3. fare—Che cosa ...... voi quando sono entrato?
4. essere—Quella signorina ...... veramente bella.
5. spendere—Esse ...... troppo denaro.
6. piacere—Mi ...... leggere un libro al giorno.
7. leggere—Anche mia sorella ...... un libro al giorno.
8. volere—Quella sera essi ...... andare al cinema.
9. dire—Egli ...... sempre la verità.
10. bere—In campagna noi ...... molto latte.

II—Translate the English verbs into Italian:

1. Esse **were looking at** la statua. — 2. Rosa **used to write** spesso. — 3. La mamma **was washing** i piatti. — 4. Io **was dancing** con Maria. — 5. Noi **used to live** a Roma. — 6. Tu **answered** sempre bene. — 7. Che cosa **were they doing** ieri? — 8. Dove **were you going**, signorine? — 9. Egli **used to sing** molto bene. — 10. Noi **were** ancora bambini.

III—Replace the words in bold type by disjunctive pronouns:

1. Io camminavo **con Elena.** — 2. Manderò i fiori **alle ragazze.** — 3. Egli verrà con **us.** — 4. Essa parlava di **me.** — 5. Io sono felice per **him.** — 6. Ho ricevuta la lettera da **them.** — 7. Ho fiducia (faith) in **you,** Carlo. — 8. Noi parlavamo di **you,** ragazzi. — 9. Noi parlavamo di **you, signorine.** — 10. Noi parlavamo di **you,** signora.

IV—Read aloud the following passage and translate it into English:

Noi abitiamo a Venezia. La settimana scorsa, mia cugina Caterina ci ha fatto una bella sorpresa. Essa è venuta da Napoli, dove abita con la sua famiglia, ed è rimasta (remained) con noi tutta la settimana. Caterina ha 18 anni ed è una signorina molto simpatica. Siamo state quasi sempre insieme ed abbiamo visitato i luoghi più interessanti di Venezia. Le sono piaciuti molto la bella Piazza e la Chiesa di San Marco, la Torre dell'Orologio, il famoso Campanile, e naturalmente il Palazzo dei Dogi, dove abbiamo passato diverse ore ad ammirare le bellissime pitture (paintings).

(to be continued)

V—Translate the following sentences into Italian:

1. I used to live in this house many years ago. — 2. What was George telling you last night, Frances? — 3. When I was (omit a) child I had a very beautiful voice. — 4. We are glad to see you, Mary. We were talking about (di) you. — 5. Do you wish to have dinner with us? With pleasure. — 6. Why don't you go out with him sometime? He is very charming. — 7. I saw you last night while you were dancing with her. — 8. If you don't want to go with her, why don't you come with us? — 9. She used to read my letters while I was writing them. — 10. He sang a while ago. Too bad (that) I was unable to hear him!

LESSON XIII

I—The reflexive verbs:

lavarsi—to wash oneself

PRESENT

io mi lavo—I wash myself
tu ti lavi—you wash yourself
lei si lava—you wash yourself
egli si lava—he washes himself
essa si lava—she washes herself

noi ci laviamo—we wash ourselves
voi vi lavate—you wash yourselves
loro si lavano—you wash yourselves
essi si lavano—they wash themselves
esse si lavano—they wash themselves

PRES. PERF.

io mi sono lavato (a)	**noi ci siamo lavati (e)**
tu ti sei lavato (a)	**voi vi siete lavati (e)**
lei si è lavato (a)	**loro si sono lavati (e)**
egli si è lavato	**essi si sono lavati**
essa si è lavata	**esse si sono lavate**

FUTURE

io mi laverò, tu ti laverai, lei si laverà,
noi ci laveremo, voi vi laverete, loro si laveranno

IMPERFECT

io mi lavavo, tu ti lavavi, lei si lavava,
noi ci lavavamo, voi vi lavavate, loro si lavavano

NOTES:—The reflexive verbs (those ending in **"si"**) take the present of "essere" as an auxiliary verb in forming the Present Perfect. The past participle agrees with the subject if there is no direct object. However, if there is a direct object the past participle agrees with it.

Examples:—**Io mi sono lavata la faccia.** — I washed my face.
Essa si è pettinati i capelli.—She combed her hair.

Notice that when parts of the body are mentioned the verb becomes reflexive and the possessive adjective is omitted. Any verb may be made reflexive (provided it makes sense, of course) by dropping the final "e" of the infinitive and adding "si".

II—The relative pronouns

A—**Che** — that, which, who, whom, what.

Examples:—

Il libro che hai comprato—The book that you bought.
I ragazzi che parlano—The boys who are talking.
Egli non sa che dire.—He does not know what to say.

B—**Ciò che** — what (when it means "that which")

Examples:—

Non mi piace ciò che fai.—I don't like what you are doing.
Egli fa sempre ciò che vuole.—He always does what he pleases (wants).

C—**Chi** — He who, those who. (The verb that follows is always singular)

Examples:—**Chi è in buona salute è ricco.**
He who is in good health is rich.
Il lavoro non manca a chi lo cerca.
Work is not lacking to those who look for it.

D—**il cui, la cui, i cui, le cui** — whose

Examples:—**Il ragazzo la cui sorella tu conosci bene.**
The boy whose sister you know well.
La signora, i cui figli sono qui, non è ricca
The lady, whose sons are here, is not rich.

E—**di cui, a cui, con cui, da cui, in cui, su cui, per cui** — **whom** or **which** preceded by a preposition.

Examples:—**Conosco bene la signorina di cui parli.**
        I know well the young lady of whom you are talking.
        La penna con cui scrivo non mi piace.
        I don't like the pen with which I am writing.

EXERCISES

I—Translate the English words into Italian:

1. **What** egli dice è la verità. — 2. La casa **in which** abitiamo è nuova. — 3. Non mi piacciono le vesti **that** hai comprate. — 4. L'uomo, **whose** figlio è arrivato, è felice. — 5. Tu non puoi sapere **what** noi abbiamo fatto. — 6. L'uomo **that** parla è mio zio. — 7. Conoscete la signora **of whom** abbiamo parlato? — 8. **He who** non lavora non mangia. — 9. Ecco il ragazzo **whose** libri hai trovato. — 10. Ecco mia cugina, **for whom** ho comprato i guanti. — 12. I libri **that** ho letto sono interessanti. — 13. **He who** è ricco non è sempre felice. — 14. Gli amici **to whom** scrivo sono italiani. — 15. Ti piace la signorina **whom** hai conosciuta iersera?

II—Replace the infinitives by the proper forms of the present, present perfect, future and imperfect.

1. alzarsi — Elena ...... presto ogni mattina.
2. farsi il bagno — Io ...... ogni giorno.
3. addormentarsi — I bambini ...... presto.
4. farsi la barba — Il babbo ...... un giorno sì e un giorno no.
5. svegliarsi — Noi ...... alle sette.
6. annoiarsi — Sono sicuro che esse non ......
7. conoscere — Egli dice che tu la ......
8. divertirsi — Voi ...... in campagna.
9. vestirsi — Tu ...... in fretta.
10. accontentarsi — Enrico ...... facilmente.

III—Read aloud the following passage and translate it into English:
(continued from preceding lesson)

Caterina ha trovato interessante anche il Ponte dei Sospiri che congiunge (joins) il Palazzo dei Dogi con le antiche prigioni. Siamo andate anche a fare i bagni al Lido, una delle spiagge più belle d'Italia e del mondo, che disgraziatamente è stata rovinata dai Tedeschi (Germans). Caterina ha trovato anche interessante il viaggiare in gondola. A Venezia si[1] cammina e si[1] viaggia in gondola poichè non ci sono nè automobili nè carrozze. Durante la settimana siamo andate una volta all'opera e due volte al cinema. Con dolore per me e per lei Caterina è partita iersera per casa sua.

(to be continued)

(1)—This is the indefinite third person and is usually rendered in English by "one" plus the verb, or by the passive voice.

Example:—**Si parla inglese.**—English is spoken.

IV—Translate into Italian:

1. Who were those men who were talking to your father? — 2. I can say, and I say it with pleasure, that I had a good time. — 3. We never were bored when we were in the country. — 5. I don't like these gloves. I am sorry that I bought them. — 6. Do you know that man who says (that) he can shave in two minutes? — 7. He will be satisfied with what you will be able to give him. — 8. As soon as she gets up (future) she will come to have breakfast. — 9. Helen said she didn't feel well and went home with him. — 10. As soon as he gets up he dresses in a hurry and goes out alone.

LESSON XIV

THE IMPERATIVE

1st conj.		2nd conj.		3rd conj.	
tu—form	**canta!**—sing!	**leggi!**—read!	**dormi!**	**finisci!**	
lei—form	**canti!**—sing!	**legga!**—read!	**dorma!**	**finisca!**	
loro—form	**cantino!**—sing!	**leggano!**—read!	**dormano!**	**finiscano!**	

NOTES:-1. The **"noi"** and **"voi"** forms are exactly like the present.
Examples: **cantiamo!**—let's sing! **cantate!**—sing!
Exception: The **voi** forms of **essere, avere** and **sapere** are: **siate! abbiate! sappiate!**

2. The personal pronouns are omitted in giving commands

3. The infinite is used in the negative form for **"tu"**.
Examples: **Non cantare, Carlo!**—Don't sing, Charles!
Non leggere, Maria!—Don't read, Mary!
The other forms remain unchanged in the negative.
Example: **Non legga, signorina!**—Don't read, miss!

4. The reflexive, direct and indirect object pronouns are attached to the affirmative forms for **"tu," "noi,"** and **"voi"**. They precede the verb as usual at all other times.

Examples: **Scriviamogli!**—Let's write to him!
Lavati, Maria!—Wash yourself, Mary!
Scrivetemi!—Write to me!
Compriamoli!—Let's buy them!
BUT: **Lo legga, signorina!**—Read it, miss!
La cantino, signori!—Sing it, gentlemen!
Non lo leggere, Carlo!—Don't read it, Charles!
Remember that **"loro"** always follows the verb and is never attached to it.

Examples: **Vendiamo loro la casa!**—Let's sell them the house!
Porta loro i libri!—Bring them the books!

II—The imperative of some irregular verbs: (tu, lei and loro forms)

andare—to go: **va! vada! vadano!**
venire—to come: **vieni! venga! vengano!**
uscire—to go out: **esci! esca! escano!**
dare—to give: **dà! dia! diano!**
fare—to do: **fà; faccia! facciano!**
dire—to say, tell: **di'! or dici! dica! dicano!**
essere—to be: **sii! sia! siano!**
avere—to have: **abbi! abbia! abbiano!**
sedere—to sit: **siedi! segga! seggano!**
salire—to go up, climb: **sali! salga! salgano!**
tenere—to hold, keep: **tieni! tenga! tengano!**
rimanere—to remain: **rimani! rimanga! rimangano!**
stare—to stay: **stà! stia! stiano!**
sapere—to know: **sappi! sappia! sappiano!** (usually translated "I want you to know")

NOTE:—When the pronouns **mi, ti, ci, lo, la, li,** and **le** are attached to the forms **dà, fà,** and **di'** they double the initial consonant.

> Examples: **Fammi un vestito!**—Make me a suit.
> **Dalli a Carlo!**—Give them to Charles.
> **Dimmi la verità!**—Tell me the truth.
> **Fatti gli affari tuoi!**—Mind your own business.

EXERCISES

I—Change the following verb forms to the plural:

Vieni qui!	Fallo per me!
Legga il libro!	Non faccia questo!
Dica la verità!	Dimmi dove sei stato!
Siedi qui!	Dalla a Maria!
Dammi la penna!	Scendi subito!
Segga lì, signora!	Mi dia il dollaro!
Gli porti il caffè!	Finisci il lavoro!
Spedisca la lettera!	Abbi pazienza!

II—Make the following sentences negative:

1. Maria, lavati le mani subito! — 2. Scriviamola subito! — **3.** Compratela ora! — 4. Gli dia il suo indirizzo! — 5. Fatti la barba subito! — 6. Mandino loro i francobolli! — 7. Accontentatevi di questo! — 8. Tengano queste lettere! — 9. Invitiamoli per domani! — 10. Gli porti i fiori!

III—Rewrite the following sentences replacing the words in bold type by appropriate pronouns:

1. Manda i fiori **alla nonna!** — 2. Manda **i fiori** alla nonna! — 3. Porti **il libro** a Elena! — 5. Porti il libro **a Elena!** — 5. Scrivete le lettere **agli amici!** — 6. Scrivete **le lettere** agli amici! — 7. Invitiamo **quella signorina!** — 8. Non invitiamo **quella signorina!** — 9. Diano i nostri saluti **al babbo!** — 10. Diano **questi oggetti** al babbo! — 11. Non parlare **a Rosella!** — 12. Parla **a Rosella!** — 13. Luigi, non cantare **quella canzone!** — 14. Luigi, canta **quella canzone!** — 15. Non venda **la casa,** signora! — 16. Non vendano **la casa,** signore!

IV—Read aloud the following passage and translate it into English:

(continued from preceding lesson)

Caterina ha preso il treno delle nove e venti. Naturalmente io sono andata ad accompagnarla alla stazione. Prima di partire mi ha fatto promettere di andare a visitarla, cosa che io farò al più presto. Mi piacerà certamente visitare Napoli, che non vedo[1] da anni. Caterina mi ha detto che questa bella città è stata molto distrutta, specialmente la sezione del porto, in parte dai Tedeschi ed in parte dai bombardamenti degli Alleati. Da Napoli faremo tre gite: una a Sorrento, una a Pompei, dove vedremo gli scavi, ed una a Capri. dove vedremo la famosa Grotta Azzurra. Forse andrò a Napoli l'anno venturo.

V—Translate the following sentences into Italian:

1. John, open the window, please.—I cannot open it now; don't you see that I am busy? — 2. Please come here tomorrow

---

[1]—*Non vedo - I haven't seen. (In Italian the present tense is used to express an action which began in the past and continues to the time the action is expressed).*

morning after you have had breakfast. — 3. Be good, Vincent, don't disturb me. — I shall give you some milk later. Sit down for a few minutes. — 4. Go too, ladies; I know that you will not be bored; on the contrary, I am sure that you will have a good time. — 5. Father always tells me: "Get up early, have breakfast, take your books and go to school on time". — 6. Boys, come here. Do you see those books? Please take them and bring them into the other room. — 7. Miss Faraci, I want you to know that I am crazy about (per) you. Please go out with me tonight. Don't tell me that you are busy and cannot go out. I know you can go out if you want to. (omit "to"). — 8. Gentlemen, please get up and come here. Now write your names and addresses in this book. Have you done it already? Fine, thank you. Sit down again, please.

UNIT V

NOTE:—The following lessons are especially important to those who wish to acquire a more extensive knowledge of the Italian language. However, the authors feel that knowledge of the preceding grammar lessons and of the reading selections should enable the student to get along fairly well in Italy.

LESSON XV

Passato Remoto—Past definite

I—REGULAR VERBS

1st conj.	2nd conj.	3rd conj.
io comprai—I bought	io vendei—I sold	io finii—I finished
tu comprasti	tu vendesti	tu finisti
lei comprò	lei vendè	lei finì
noi comprammo	noi vendemmo	noi finimmo
voi compraste	voi vendeste	voi finiste
loro comprarono	loro venderono	loro finirono

USES:—The Passato Remoto is used to express an action that took place long ago or in narrative, and with such expression as **il mese scorso, l'anno scorso,** etc. With the word **ieri** use the **Passato Prossimo;** with **la settimana scorsa** use either the **Passato Prossimo** or **Passato Remoto.**

Examples: **Egli comprò quella casa due anni fa.**
He bought that house two years ago.
Noi finimmo il lavoro in poche ore.
We finished the work in a few hours

II—**Irregular verbs:** The following is a list of the most common verbs which are irregular in the Passato Remoto:

avere — to have: **ebbi, avesti, ebbe,**
avemmo, aveste, ebbero.

— 74 —

bere — to drink: **bevvi, bevesti, bevve, bevemmo, beveste, bevvero.**

cadere — to fall: **caddi, cadesti, cadde, cademmo, cadeste, caddero.**

chiudere — to close: **chiusi, chiudesti, chiuse, chiudemmo, chiudeste, chiusero.**

conoscere — to know: **conobbi, conoscesti, conebbe, conoscemmo, conosceste, conobbero.**

dare — do give: **diedi, desti, diede, demmo, deste, diedero.**

decidere — to decide: **decisi, decidesti, decise, decidemmo, decideste, decisero.**

difendere — to defend: **difesi, difendesti, difese, difendemmo, difendeste, difesero.**

dire — to say, to tell: **dissi, dicesti, disse, dicemmo, diceste, dissero.**

dividere — to divide: **divisi, dividesti, divise, dividemmo, divideste, divisero.**

essere — to be: **fui, fosti, fu, fummo, foste, furono.**

fare — to do, to make: **feci, facesti, fece, facemmo, faceste, fecero.**

leggere — to read: **lessi, leggesti, lesse, leggemmo, leggeste, lessero.**

mettere — to put: **misi, mettesti, mise, mettemmo, metteste, misero.**

piangere — to cry, weep: **piansi, piangesti, pianse, piangemmo, piangeste, piansero.**

ridere — to laugh: **risi, ridesti, rise, ridemmo, rideste, risero.**

rimanere — to remain: **rimasi, rimanesti, rimase, rimanemmo, rimaneste, rimasero.**

rispondere — to answer: **risposi, rispondesti, rispose, rispondemmo, rispondeste, risposero.**

sapere — to know: **seppi, sapesti, seppe, sapemmo, sapeste, seppero.**

scegliere — to choose: **scelsi, scegliesti, scelse, scegliemmo, sceglieste, scelsero.**

scendere — to go down: **scesi, scendesti, scese, scendemmo, scendeste, scesero.**

scrivere — to write: **scrissi, scrivesti, scrisse, scrivemmo, scriveste, scrissero.**

spendere — to spend: **spesi, spendesti, spese, spendemmo, spendeste, spesero.**

tenere — to hold: **tenni, tenesti, tenne, tenemmo, teneste, tennero.**

vedere — to see: **vidi, vedesti, vide, vedemmo, vedeste, videro.**

venire — to come: **venni, venisti, venne, venimmo, veniste, vennero.**

vincere — to win: **vinsi, vincesti, vinse, vincemmo, vinceste, vinsero.**

volere — to want: **volli, volesti, volle, volemmo, voleste, vollero.**

NOTICE that practically all the irregular verbs follow a certain pattern which enables you to remember the rest of the tense once you have learned the first person singular.

EXERCISES

I—Change to the plural:

1. La signora fu a Parigi — 2. Dove mettesti la mia lettera? — 3. Io rimasi lì due giorni. — 4. Egli non seppe mai la verità. — 5. Perchè non mi scrivesti? — 6. Dopo non lo vidi più. — 7. La signorina non volle rimanere. — 8. La zia ebbe paura. — 9. Io chiusi tutte le finestre. — 10. Che cosa diede lei al ragazzo? — 11. Il cugino non disse nulla. — 12. Io feci questo per te. — 13. Il bambino ruppe il bicchiere. — 14. Egli scelse il migliore libro. — 15. Lei non spese molto denaro. — 16. Essa venne con la zia. — 17. Io lo conobbi subito. — 18. Il ragazzo corresse il compito. — 19. Essa decise di non partire. — 20. Bevve egli tutto quel vino?

II— Replace the infinitive by the proper form of the Passato Remoto:

1. Suonare—Carlo ———— il violino molto bene.
2. Proibire—Il babbo ci ———— di andare con lui.
3. Spazzolare—Tu non ———— il vestito.
4. Indossare—Noi ———— i vestiti nuovi.
5. Lavorare—Essi ———— tutto il giorno.
6. Offrire—La signorina ci ———— dei dolci.

7. Stirare—Esse ———— i fazzoletti.
8. Salutare—Perchè non lo ———— anche voi?
9. Mandare—A chi ———— tu quel regalo?
10. Obbedire—Perchè non ———— voi il babbo?
11. Incontrare—Non ———— essi l'amica di Antonio?
12. Credere—Io ———— ciò che egli mi ————. (raccontare)
13. Baciare—Noi ———— la mamma prima di uscire.
14. Spedire—Essi vi ———— il pacco l'altro ieri.
15. Morire—La povera signora ———— l'anno scorso.
16. Vincere—Chi ———— la partita di football?
17. Fare—Che cosa ———— i ragazzi?
18. Dare—Il babbo ———— dieci dollari a suo figlio.
19. Dire—Perchè non ———— tutto al maestro, Carlo?
20. Scrivere—Egli ———— la lettera ma non la (spedire)————
21. Leggere—Io ———— quel libro molti anni fa.
22. Venire—Le due sorelle non ———— insieme.
23. Rimanere—Il dottor Barletta ———— a Napoli più di dieci anni.
24. Piangere—Essa————molto quando (sapere)———— la notizia.
25. Ridere—Io————di cuore quando essi mi (dire)————questo.
26. Dividere—Maria e Anna ———— il denaro.
27. Vedere—Essi————molte belle cose quando (andare)———— in Italia.
28. Cadere—Il bambino ———— ma non si (fare) ———— male.
29. Chiudere—Egli ———— il libro e (uscire) ————.
30. Rispondere—Essa non ———— alle mie lettere.

III—Change the verbs in bold type to the Passato Remoto:

1. Essi **dividono** il guadagno. — 2. Perchè **fai** questo? — 3. Dove **mettono** i libri? — 4. Ma perchè **ride** tanto? — 5. Noi **rispondiamo** subito. — 6. Essi **sanno** ogni cosa. 7. Voi **scendete** in fretta. — 8. La nonna **spende** poco. — 9. Mi **vedono** loro? — 10. Essi non **vincono** mai. — 11. Marianna **vuole** cantare. — 12. Le signorine non **dicono** queste cose. 13. Che cosa **decide** di fare, signorina? — 14. Essa mi **dà** un bacio. 15. Noi non la **conosciamo**. — 16. Voi **bevete** troppa birra. — 17. Io **leggo** quel romanzo. — 18. Egli **rimane** a bocca aperta. — 19. Essi **scelgono** il più bello. — 20. Voi **venite** troppo tardi.

LESSON XVI

THE CONDITIONAL

I—**Present:**

AVERE—io avrei, tu avresti, lei avrebbe;
   noi avremmo, voi avreste, loro avrebbero.

ESSERE—io sarei, tu saresti, lei sarebbe;
   noi saremmo, voi sareste, loro sarebbero.

FIRST CONJUGATION—**Comprare**
   io comprerei, tu compreresti, lei comprerebbe;
   noi compreremmo, voi comprereste, loro comprerebbero.

SECOND CONJUGATION—**Vendere**
   io venderei, tu venderesti, lei venderebbe;
   noi venderemmo, voi vendereste, loro venderebbero.

THIRD CONJUGATION—**Finire**
   io finirei, tu finiresti, lei finirebbe;
   noi finiremmo, voi finireste, loro finirebbero.

IRREGULAR VERBS:
   The present conditional of all irregular verbs is formed
   from the future. Simply drop the future endings and add
   the conditional endings, which are the same for all verbs.
   The conditional endings are:

| **-ei** | **-esti** | **-ebbe** |
| **-emmo** | **-este** | **-ebbero** |

Example: future of **Venire:**
   io verrò, tu verrai, lei verrà;
   noi verremo, voi verrete, loro verranno.
conditional of **Venire:**
   io verrei, tu verresti, lei verrebbe,
   noi verremmo, voi verreste, loro verrebbero.

II—The Past Conditional:

This tense is formed by the present conditional of the auxiliary verb and the past participle of the desired verb.

Examples: Io avrei comprato la casa.

I would (or should) have bought the house.

Egli sarebbe venuto il giorno dopo.

He would have come the following day.

III—Uses of the Conditional:

Broadly speaking the conditional is used in the same manner we use the words **should, would, ought to** and **could,** EXCEPT when the words **could** and **would** express a fulfilled or habitual action.

Examples: **Egli dovrebbe studiare.**—He ought to study

Lei potrebbe farlo.—You could do it.

BUT—**Egli non poteva lavorare.**—He could not work.

IV—The conditional is also used to express possibility or probability in someone else's opinion:

Examples: **Secondo lui, io sarei ricco.**

According to him, I am rich.

A sentire lui, essa sarebbe un'eroina.

If you listen to him, she is a heroine.

EXERCISES

I—Change to the plural:

Egli canterebbe.
Tu perderesti.
Ella finirebbe.
Io verrei.
Lei vincerebbe.
Tu ti pentiresti.
Il bambino si sveglierebbe
Io mi addormenterei.
La ragazza si alzerebbe.
Lei parlerebbe.
Usciresti tu?
Non lo farei anch'io?
Mi presterebbe il denaro?
Non lo conoscerebbe lei?
Non andrebbe essa?

II—Change to the singular:

Loro mangerebbero bene.
Dove andremmo?
Esse ci imiterebbero.
Voi vi divertireste.
Gli zii suonerebbero.
Che direbbero esse?
Noi non gli scrivemmo.
Che fareste voi?
Esse morrebbero di dolore.
Essi si vestirebbero subito.
Anche noi la compreremmo.
Imparerebbero le parole?
Noi spiegheremmo ciò.
Essi mi cercherebbero quì.
Loro non cadrebbero.

III—Change the verb in bold type to the conditional:

1. Noi **parleremo** a quella signora. — 2. Essa **verrà** volentieri. — 3. Io non gli **venderò** la casa. — 4. Essi **canteranno** domani sera. — 5. Tu **farai** questo? — 6. Il dottore lo **saprà** certamente. 7. Le signorine **vorranno** ballare. — 8. Voi **potrete** partire subito. — 9. Loro, signori, **andranno** insieme. — 10. Non **avrà** paura lei, signora? — 11. Io **vengo** con piacere. — 12. Gli uomini **difendono** la patria. — 13. Giovanni **esce** di buon'ora. — 14. Voi **correggete** gli sbagli. — 15. Il signor Parlabene non **dice** questo. — 16. Chi **beve** tanto vino? — 17. Le signore **rimangono** in casa. — 18. Noi **vediamo** le bellissime pitture.—19. Esse non **sono** ricche. — 20. **Ha** lei delle difficoltà?

IV—Translate the English words into Italian:

1. Se avessimo tempo noi **would go** in campagna.
2. Noi **could not go** perchè non avevamo tempo.
3. Non credete voi che **you ought to study** un po' di più?
4. Se avessi denaro **I would buy** il libro e **I would read it.**
5. Essi **should arrive** prima di sera.
6. Secondo i giornali, i due fratelli **are** pazzi.
7. Se essa fosse venuta noi **would have been** contentissimi.
8. Se essa venisse noi **would be** contentissimi.
9. Io **would not have done** tutto quel lavoro.
10. Gina ha i denti così belli che **she ought to** sorridere sempre.
11. Secondo quel che ho letto, gli aeroplani nemici **are** inferiori ai nostri.
12. Ora **we ought to sing** una bella canzone.
13. Se egli mi scrivesse **he would do me** un gran piacere.
14. Secondo te, egli **is** colpevole. (guilty)
15. Se tu mi avessi scritto io **would have answered you.**
16. He **would never interrupt** il babbo quando leggeva.
17. Le domandai dove fosse stata, ma **she could not answer me.**
18. Se egli fosse soldato essa **would love him** di più.
19. Voi **should respect** i maestri, non vi pare?
20. Ti ricordi che ti invitai e tu **would not come.**

LESSON XVII

THE DOUBLE PRONOUNS

These are the direct and indirect object pronouns used together. It is not difficult to memorize the following table:

	it (m.) him	it (f.) her	them (m.)	them (f.)	some of or any of or about it, them; of it, him, her, them
to me	me lo	me la	me li	me le	me ne
to you (tu)	te lo	te la	te li	te le	te ne
to you (pol.sing.) to him or to her	glielo	gliela	glieli	gliele	gliene
to us	ce lo	ce la	ce li	ce le	ce ne
to you (voi)	ve lo	ve la	ve li	ve le	ve ne
to you (pol.pl.) to them	lo...loro	la...loro	li...loro	le...loro	ne...loro
to himself to herself to themselves	se lo	se la	se li	se le	se ne

USES: The double pronouns are placed before the verb. (**Loro** is an exception and always follows the verb). **However,** in the **affirmative imperative** forms of **tu, noi,** and **voi** the double pronouns are attached to the end of the verb and are written as one word, as in examples 4, 5.

Examples:

1. **Egli mi porta la penna.** — He brings me the pen.
   Egli me la porta.—He brings it to me.
2. **Io mando i libri a Carlo.**—I send Charles the books.
   Io glieli mando. — I send them to him.
3. **Io venderò loro la casa.**—I shall sell them the house.
   Io la venderò loro.—I shall sell it to them.
4. **Mandatemi i fiori**—Send me the flowers.
   Mandatemeli.—Send them to me.
5. **Diamo i fiori a Maria.**—Let's give Mary the flowers.
   Diamoglieli.—Let's give them to her.

EXERCISES

Replace the words in bold type by appropriate pronouns. Rewrite the sentences.

1. Noi porteremo **i fiori ad Elvira.** — 2. Essa venderà **la casa al signor Linguacorta.** — 3. Essi porteranno **le ciliegie alla zia.** — 4. Io **ti** darò **lo zero.** — 5. Io **vi** darò **degli zeri.** — 6. Luigi **ci** comprerà **della birra.** — 7. Noi daremo **i premi ai ragazzi.** — 8. Noi li daremo **alle ragazze.** — 9. Io **gli** darò **il dollaro.** — 10. Io **le** presterò **la penna.** — 11. Non **mi** mandare **quel libro,** per piacere! — 12. Non mandate **del denaro a Luigi!** — 13. Mandate **del denaro a Luigi!** — 14. Scrivi **la lettera alla nonna!** — 15. Non scrivere **la lettera alla nonna** adesso! — 16. Signorina, mi dia **il suo indirizzo,** per piacere! — 17. Signorina, non dia **il suo indirizzo a Pietro!** — 18. Non date **quell'osso al cane!** — 19. Insegniamo **le canzoni a Marietta!** — 20. Insegnami **quelle canzoni,** Filippo! — 21. Io **ti** porterò **le arance.** — 22. Io **vi** porterò **le arance.** — 23. Io **gli** ho portato **delle arance.** —24. Tu **le** canterai **una canzone.**—25. Carlo, porta **quel quadro alla maestra!** — 26. Carlo, non portare **quel quadro alla maestra!** — 27, Signorina, porti **quel quadro alla maestra!** — 28.

Dategli **la penna,** ragazzi! — 29. Avete portato **i giornali al babbo?** — 30. Essi venderono **i libri ai ragazzi.** — 31. Eleonora **mi** ha scritto soltanto **due lettere.** — 32. La mamma **ti** darà **del latte.** — 33.. Portatemi **il compito** ben scritto, ragazzi! — 34. Filomena, siedi qui, ed io **ti** racconterò quella **storiella!** — 35. Spiega **questa parola al nonno!** — 36. Datemi **quelle uova!** — 37. Non mi dia **quelle uova rotte,** per piacere! — 38. Se sarai promosso **ti** darò **i dieci dollari** — 39. Chi **ti** ha detto **ciò?** — 40. Una cara fanciulla di questa classe **mi** ha detto **ciò.**

II—**Translate the words in bold into Italian. Rewrite the sentences.**

1 Essa vende **them** (libri) **to her.** — 2. La zia darà **some of it to us.** — 3. Hai prestato **it** (la matita) **to him?** — 4. Portiamo **them** (fiori) **to her!** — 5. Porta **it** (compito) **to me!** — 6. Portino **them** (quaderni) **to them!** — 7. Venda **it** (penna) **to her,** signorina! — 8. Cantate **them** (le canzoni) **to us!** — 9. Io darò **it** (denaro) **to you** (voi). — 10. Non dare **it** (la carne) **to him!** — 11. Non dare **it** (la carne) **to her!** — 12. Essi resero **it** (il denaro) **to you** (tu) ieri. — 13. Essi resero **it** (il denaro) **to you** (lei) ieri. — 14. Essi resero **it** (il denaro) **to you** (loro) ieri. — 15. Presterai **them** (i libri) **to us?** — 16. Il babbo ha mandato **some of it to her.** — 17. Dia **it** (il ritratto) **to me,** signorina! — 18. Ci mandi **some of them,** signor Pocoroba! — 19. Fammi copiare **it** (il compito), Alfredo! — 20. Avete portato **them** (le mele) **to her?**

LESSON XVIII

THE SUBJUNCTIVE

The subjunctive has four tenses: **Present, Past, Imperfect and Pluperfect.**

I—AVERE: **Present**—che io abbia, che tu abbia, che lei abbia, che noi abbiamo, che voi abbiate, che loro abbiano.
Past—che io abbia avuto, che tu abbia avuto, etc.
Imperfect—che io avessi, che tu avessi, che lei avesse, che noi avessimo, che voi aveste, che loro avessero.
Pluperfect—che io avessi avuto, che tu avessi avuto, etc.

II—ESSERE: **Present**—che io sia, che tu sia, che lei sia, che noi siamo, che voi siate, che loro siano.
Past—che io sia stato, che tu sia stato, etc.
Imperfect—che io fossi, che tu fossi, che lei fosse, che noi fossimo, che voi foste, che loro fossero,
Pluperfect—che io fossi stato, che tu fossi stato, etc.

III—FIRST CONJUGATION: **Comprare**
Present—che io compri, che tu compri, che lei compri, che noi compriamo, che voi compriate, che loro comprino.
Imperfect—che io comprassi, che tu comprassi, che lei comprasse.
che noi comprassimo, che voi compraste, che loro comprassero.

IV—SECOND CONJUGATION: **Vendere**
Present—che io venda, che tu venda, che lei venda, che noi vendiamo, che voi vendiate, che loro vendano.
Imperfect—che io vendessi, che tu vendessi, che lei vendesse,
che noi vendessimo, che voi vendeste, che loro vendessero.

V—THIRD CONJUGATION: **Sentire**

Present—che io senta, che tu senta, che lei senta,
che noi sentiamo, che voi sentiate, che loro sentano.

Imperfect—che io sentissi, che tu sentissi, che lei sentisse,
che noi sentissimo, che voi sentiste, che loro sentissero.

PRESENT SUBJUNCTIVE OF -ISCO VERBS: **Finire**

che io finisca, che tu finisca, che lei finisca,
che noi finiamo, che voi finiate, che loro finiscano.

NOTE—the **-isc** appears only in the present subjunctive.

VI—THE SUBJUNCTIVE OF IRREGULAR VERBS

PRESENT—All of the singular and the third person plural are formed by adding -A, -A, -A, and -ANO to the stem of the first person singular of the present indicative.

Example: **andare**

Pres. indicative: io vadO

Pres. subjunctive: che io vadA, che tu vadA, che lei vadA, che loro vadANO

The NOI and VOI forms are derived from the first person plural of the present indicative. The NOI form remains unchanged. For the VOI form just drop IAMO and add IATE.

Example: Pres. indicative: noi andiAMO

Pres. subjunctive: che noi andIAMO, che voi andiATE

NOTES—The above endings are the same for all irregular verbs. The following three verbs **dare, stare** and **sapere** (in addition to **avere** and **essere** already given) form the whole present subjunctive from the **noi** form:

Dare: che io dia, che tu dia, che lei dia,
che noi diamo, che voi diate, che loro diano.

Stare: che io stia, che tu stia, che lei stia,
che noi stiamo, che voi stiate, che loro stiano.

Sapere: che io sappia, che tu sappia, che lei sappia,
che noi sappiamo, che voi sappiate, che loro sappiano.

IMPERFECT: The imperfect subjunctive of all irregular verbs is formed from the **tu** form of the **Passato Remoto.**
Drop **sti** and add **-ssi, -ssi, -sse,**
-ssimo, -ste, -ssero

Example: **Fare**
Passato Remoto: tu facesti
Imperf. Subj. che io facessi, che tu facessi, che egli facesse, che noi facessimo, che voi faceste, che essi facessero.

VII—SEQUENCE OF TENSES:

The subjunctive is always used in a subordinate clause.

A—When the verb in the **main clause** is **present** or **future** the verb in the **subordinate clause** is **present** or **past subjunctive**, according to meaning. Examples:

1—È possible che egli **arrivi prima di me.**
It is possible that he will arrive before me.

2.—È possible che egli **sia arrivato** prima di me.
It is possible that he has arrived before me.

3.—Sarà possibile che essi **arrivino** in tempo.
It will be possible for them to arrive in time.

B—When the verb in the **main clause** is **conditional** or **any past tense** the verb in **subordinate clause** is **imperfect** or **pluperfect subjunctive**, according to meaning. Examples:

1—Era possibile che egli **venisse.**
It was possible that he would come.

2—Era possibile che egli **fosse venuto.**
It was possible that he had come.

3—Il babbo vorrebbe che io **studiassi** di più.
Father would like me to study more.

VIII—USES OF THE SUBJUNCTIVE:

The subjunctive is used in the subordinate clause when the verb in the main clause is:

A—**Volere** (to want) or any verb meaning **to wish, to desire, to command.** Examples:

1—Io **voglio** che tu **venda** la casa.
I want you to sell the house.

2.—Egli **desiderava** che noi **venissimo** insieme.

B—Any verb expressing **hope, belief, doubt, supposition, ignorance.** Examples:

1—Egli **crede** che quella ragazza **sia** ricca.
He thinks that girl is rich.

2—Io **dubito** che egli **abbia perduto** il denaro.
I doubt that he has lost the money.

C—Any verb expressing **emotion,** such as **fear, wonder, personal feeling.** Examples:

1—Mi **dispiace** che Maria **sia partita.**
   I am sorry Mary has left.

2—**Ho paura** che tu non **possa** fare questo.
   I am afraid you cannot do this.

D—After **impersonal expressions** of **doubt, possibility, necessity,** etc., but **not** after impersonal expressions of **certainty.**

Examples: 1—**È giusto** che egli **sia punito.**
   It is just that he be punished.

2—**È necessario** che voi **studiate** di più.
   It is necessary for you to study more.

3—Non **era possibile** che **io venissi.**
   It was not possible for me to come.

BUT: **È certo** che essi **verranno.**
   It is certain that they will come.

E—After an **indefinite antecedent,** that is, when the verb in the subordinate clause refers to a person or thing which is not definite or certain, or to something which is not yet attained. Also after such indefinite words as: **chiunque** (whoever), **qualunque** (whichever), **dovunque** (wherever), **nessuno** (no one), etc. Examples:

1—Cerco una signorina che **sia** ricca e bella.
   I am looking for a girl who is rich and beautiful.

2—C'è qualcuno che **parli** inglese?
   Is there some one who speaks English?

3—Nessuno sa dove **sia** il denaro.
   No one know where the money is.

F—After a **Relative Superlative** and the following three words: **Il solo, il primo, l'ultimo** (the only, the first, the last)

Examples: 1. È il più bel quadro che io **abbia visto.**
   It's the most beautiful picture I have seen.

2. Tu sei il solo che non **abbia capito.**
   You are the only one who has not understood.

G—After the following and similar adverbs:
Sebbene—although; **benchè**—although; **purche**—provided that;

prima che—before; **senza che**—without; **di modo che**—so that; **a patto che**—on condition that; **a meno che**—unless; **affinchè** in order that. Examples:

1. Sebbene essa **sia** ricca, non la sposerò.
   Although she is rich, I will not marry her.
2. Facciamo questo prima che **venga** la mamma.
   Let's do this before mother comes.

H—In **"if" clauses** when such clauses express a condition contrary to fact. The other verb in the sentence is in the conditional. Examples:

1. **Se avessi** tempo **farei** questo lavoro.
   If I had time I would do this work.
2. **L'avrei comprato** se **avessi avuto** il denaro.
   I would have bought it if I had had the money.
3. Se essi **venissero** noi **saremmo** felici.
   If they came we would be happy.

NOTE that the verb in the **"if"** clause is always in the **imperfect** or pluperfect subjunctive.

IX—VERY IMPORTANT NOTES:

1. The subjunctive **is not used** when the subject of the two clauses is the same. In such cases the **infinitive** is used in the subordinate clause. Examples:

   1. Essa desidera imparare l'italiano.
      She wishes to learn Italian.
   2. Noi vogliamo uscire adesso.
      We want to go out now.

2. The subjunctive is not used when the verb in the subordinate clause clearly indicates **future** action or **certainty.**

Examples: 1. Credo che anche Giovanni verrà.
   I believe John also will come.
2. Non so se egli comprerà questa casa.
   I don't know if he will buy this house.
3. Essa non sa che quest'uomo è ricco.
   She does not know that this man is rich.

EXERCISE I

Change the infinitive of the verb in parentheses to the proper form of the subjunctive, where required.

1. Credi tu che quella signorina (essere)........bella?
2. Credevi tu che quella signorina (essere)........bella?
3. Noi speriamo che essi (venire)........
4. Noi speravamo che essi (venire)........
5. Il maestro vuole che voi (stare)........zitti.
6. Il maestro voleva che voi (stare)........zitti.
7. Maria desidera (imparare)........questa lezione.
8. Maria desidera che tu (imparare) .... questa canzone.
9. Io voglio che essi (imparare) .... questa lezione.
10. Io volevo che essi (imparare)........questa lezione.
11. Essi volevano che noi (partire)........immediatamente.
12. Essi vogliono (partire)........immediatamente.
13. Credete voi che egli (sapere)........la risposta?
14. Credevate voi che egli (sapere)........la risposta?
15. Essa credeva che io (avere)........molto danaro.
16. Essa crederà che io (avere)........molto danaro.
17. Essa crede che io (avere)........molto danaro.
18. Giulia spera che tu le (scrivere)........spesso.
19. Giulia sperava che tu le (scrivere)........spesso.
20. Il maestro comanda che voi (alzarsi)........
21. Era possibile che egli (venire)........qui.
22. Non è meglio che voi (fare) .... attenzione?
23. È necessario che essi (partire)........ora stesso.
24. Era necessario che essi (partire)........subito.
25. Non è possibile che voi (arrivare)........prima di noi.
26. È evidente che voi (arrivare)........prima di noi.
27. Temiamo che esse non (potere)........farlo.
28. Sono contento che tu (leggere)........quel libro.
29. Mi meraviglio che il signor Fasola non (essere)........qui.
30. Non era necessario che voi (finire)........il lavoro.
31. Qualunque cosa io (fare)........tu non sei mai contento.
32. È la migliore cosa che voi (potere)...... .fare.
33. Era la migliore cosa che voi (potere)........fare.
34. Questa è una delle lezioni più difficili che ci (essere)........
35. Checchè tu (dire)........egli ha ragione.

36. Io non sono il solo che (fare)........degli sbagli.
37. Chiunque (parlare)........ascoltate attentamente.
38. Teresa è la prima che (imparare) .... la canzone.
39. Teresa fu la prima che (imparare)........la canzone.
40. Dovunque egli (cercare)........non troverà mai quel libro.
41. Ti darò denaro affinchè tu (potere)........comprare il libro.
42. Sebbene essi (essere) .... ricchi, non hanno molti amici.
43. Sebbene essi (essere).......ricchi, non avevano molti amici.
44. Carlo finì il compito prima che (venire)........ i compagni.
45. Vi perdonerò a patto che mi (dire)........la verità.
46. Se essi (avere)........i libri farebbero il compito.
47. Se essi (avere)........i libri avrebbero fatto il compito.
48. Andrei anch'io se (avere)........il denaro necessario.
49. Sarei andato anch'io se (avere)........ il denaro necessario.
50. Se lei (cantare)........io suonerei.

EXERCISE II

Translate the expression in bold type into Italian:

1. Io non credo che Maria **loves** Giuseppe.
2. Essa non credeva che io le **had written** ogni giorno.
3. Noi non vogliamo **them to do** queste cose.
4. Io dubito che quel ragazzo **loves** lo studio.
5. Io sono sicuro che quel ragazzo **loves** lo studio.
6. Speriamo che essi **win** la corsa.
7. Egli vuole **her to come** con la sua amica.
8. Egli voleva **her to come** con la sua amica.
9. Egli voleva **to come** con il suo amico.
10. Credi tu che egli **is** intelligente?
11. Ti sembra che io **have copied** il compito di Francesco?
12. Mi sembra? È certo che tu **have copied** il suo compito.
13. Era possibile che egli **had not received** la mia lettera.
14. È possibile che egli **had not received** la mia lettera.
15. Era evidente che l'attrice **had not arrived** ancora.
16. È possibile che tu **have eaten** tanta carne?
17. È possibile che tu **are hungry** di nuovo?
18. È necessario che io **speak** al signor Savio.
19. Era necessario che tu **spoke** al signor Savio.
20. È possibile che voi **are telling** la verità?

21. Questo è il più bel palazzo che egli **has built** (costruire).
22. Era il più bel palazzo che egli **had built.**
23. Checchè essa **said,** nessuno la credeva.
24. Cerco un giovane che **understands** lo spagnuolo.
25. Ho incontrato un ragazzo che **understands** lo spagnuolo.
26. Chiunque **sees** quella ragazza, rimane colpito dalla sua bellezza.
27. Era l'unica capitale che egli **had not visited.**
28. Raccontatele delle cose che **will make her** ridere.
29. Qui c'è un ragazzo che **knows** suonare il violino molto bene.
30. Era l'unica cosa che egli **could not** negare.
31. Giorgio andrebbe **if he had** tempo.
32. Se voi **had done** il compito il maestro non vi avrebbe puniti.
33. Io sarei felice se essi **would come.**
35. Sarai contento **if I sing?**
36. Se egli **had spoken to me** io lo avrei ascoltato.
37. Se egli **speaks** io l'ascolto.
38. Giulietta canterebbe **if she had** una bella voce.
39. Se voi **will do** il compito io non vi punirò.
40. Se voi **had done** il compito io non vi avrei puniti.

LETTURE

PREPARATIVI

Il signor Henry Brown, la sua signora Margaret e la loro figlia Janet andranno a passare due mesi in Italia. Con loro andranno anche i loro buoni amici Charles Smith, sua moglie Frances ed il loro figlio George. Da diversi mesi tutti studiano l'italiano ed hanno già imparato molto. Qualche giorno prima della partenza la famiglia Brown va a visitare la famiglia Smith. Hanno deciso di parlare italiano fra di loro perchè solo così possono prendere l'abitudine.

— Come stai, Charles? domanda il signor Brown.

— Sto bene, grazie; ma ricorda che da ora in poi io sono Carlo, tu sei Enrico; mia moglie è Francesca, e mio figlio è Giorgio; tua moglie è Margherita, e la tua simpatica figlia è Giannina.

— Hai ragione, Carlo,—dice la signora Francesca. Se vogliamo veramente imparare la lingua italiana non basta studiarla, ma bisogna anche parlarla.

— E così, la settimana prossima partiremo per l'Italia—dice la signora Margherita. Avete incominciato a preparare le valigie?

— Noi siamo quasi pronti—risponde Giannina. Da diversi mesi ho fatto una lista di tutto ciò di cui potremo avere bisogno.

— Fare una lista è un'idea eccellente—osserva Giorgio.—Ma sai cosa succede quasi sempre? Uno fa una lunga lista, la legge e la rilegge con cura e poi, quando viene il giorno di farne uso, la cerca e non la trova.

— Non la mia, caro Giorgio. La mia lista è qui, nella mia borsetta. La porto sempre con me!

READING SELECTIONS

PREPARATIONS

Mr. Henry Brown, his wife Margaret and their daughter Janet are going to spend two months in Italy. Their good friends Charles Smith, his wife Frances and their son George are going to accompany them. They have been studying Italian for several months and they have already learned a great deal. A few days before the departure the Brown family goes to visit the Smith family; they have decided to speak Italian to one another because that is the only way they can become accustomed to speaking the language.

— How are you Charles?, asks Mr. Brown.

— I am well, thank you; but remember that from now on my name is Carlo, you are Enrico, my wife is Francesca, and my son is Giorgio; your wife is Margherita and your charming daughter, Giannina.

— You are right, Carlo, says Francesca. If we really want to learn the Italian language, it is not enough to study it, we must also speak it.

— And so!—Next week we shall leave for Italy, says Margherita. Have you begun to pack your baggage?

— We are almost ready, answers Giannina. For several months I have been making a list of everything we shall need.

— Making a list is a fine idea, observes Giorgio. But do you know what happens almost every time? You make a long list, you read and reread it carefully and then, when the day comes that you have to use it, you look for it and never find it.

— Not mine, Giorgio dear. My list is here, in my purse. I always carry it with me.

SUL PIROSCAFO

Il piroscafo parte alle quattro del pomeriggio. Quasi tutti i passeggieri son già a bordo molto prima della partenza ed hanno incominciato a mettere a posto le loro cose nelle loro cabine. I nostri amici viaggiano in seconda classe.

— Com'è bella e comoda la nostra cabina!—dice Giannina.

— Anche la nostra è bella e comoda—dice Giorgio. Abbiamo un lavandino con acqua corrente, e tra la nostra cabina e la vostra c'è anche il bagno.

— Sapete certamente che sul piroscafo c'è anche una piscina dove potremo nuotare e fare i bagni ogni giorno—osserva il padre di Giorgio.

— Avremo anche il cinematografo ogni sera, dei concerti due o tre volte la settimana, ed il ballo diverse volte—fa notare la signora Francesca.

— Sono sicura che ci divertiremo molto,—risponde Giannina —se non soffriremo il mal di mare.

— Speriamo di no.—dice la signora Margherita.—Però usualmente il mal di mare non dura molto.

— E vuoi sapere un'altra cosa, mamma?—dice Giannina.—A bordo c'è anche un salone di bellezza!

— Di questo tu non avrai bisogno—osserva Giorgio con galanteria.

— Adesso mi fai arrossire!—dice Giannina un po' sorridente, un po' confusa.

La traversata dell'Atlantico è molto piacevole. Per fortuna nessuno dei nostri amici soffre il mal di mare. Tutti si divertono molto. Alla fine del viaggio essi sono molto abbronzati dal sole.

ON THE BOAT

The boat sails at four in the afternoon. Almost all the passengers are already on board long before sailing time and have begun putting their things in order in their cabins. Our friends are traveling second class.

— How nice and comfortable our cabin is! says Giannina.

— Ours is also nice and comfortable, says Giorgio. We have a wash stand with running water, and there is a bath in the hall between our cabin and yours.

— I suppose you know that there is a pool on this boat where we can swim and bathe every day, says Giorgio's father.

— We shall also have movies every night, concerts two or three times a week, and dances several times a week, says Francesca.

— I am sure we shall have a wonderful time, answers Giannina, if we don't get sea sick.

— Let us hope that that will not occur, says Margherita. But usually sea-sickness does not last long.

— And mother, do you know another thing? says Giannina, there is also a beauty parlor on board!

— You'll have no need of that, says Giorgio gallantly.

— Now you are making me blush! says Giannina smiling and a bit self-conscious.

— The crossing of the Atlantic is very pleasant. Fortunately none of our friends suffers from sea-sickness. All of them have a fine time. By the end of the trip they have all acquired a fine tan.

L'ARRIVO

Il piroscafo arriva a Genova, il porto più grande e più importante d'Italia. Prima di sbarcare i passeggieri si mettono in fila per l'ispezione dei passaporti e per il visto della questura. Poi scendono dal piroscafo e prima di uscire dal porto passano la visita della dogana. Tutti aprono le valige. Gli ispettori domandano se c'è qualche cosa da dichiarare, specialmente sigarette; danno appena uno sguardo al contenuto delle valige e li lasciano passare.

— La prima cosa che dobbiamo fare—dice il signor Enrico— è di andare al nostro albergo.

— Ecco un'idea straordinaria!—osserva sua moglie.

Due portabagagli si avvicinano.

— Vogliono un tassì, signori?—domanda uno.

— Sì,—risponde Giorgio.

I portabagagli prendono tutte le valige, che sono molte, e vanno verso l'uscita. Sono così carichi che sembrano due piccole montagne che camminano. Arrivati al tassì, il signor Carlo dà loro un biglietto da cento lire. Ma uno dei portabagagli dice:

— Non basta, signore!

— Va bene, eccovi altre cinquanta lire. Siete soddisfatto?

— Sì, signore. Grazie.

— Dove vogliono andare, signori?—domanda l'autista.

— All'albergo Excelsior.

— Subito!

In pochi minuti sono all'albergo.

— Quanto vi dobbiamo?—domanda Giorgio all'autista.

— Centotrenta lire —risponde questi cortesemente.

— Ecco centocinquanta lire.

— Grazie, grazie mille, signori. Buon giorno.

THE ARRIVAL

The boat reaches Genoa, the largest and most important port of Italy. Before landing the passengers get on line for passport and police inspection. Then they leave the boat and before getting off the dock, they go through the customs inspection. All valises are opened. The inspectors ask whether they have anything to declare, especially cigarettes. They glance at the contents of the valises and allow them to pass.

— The first thing we must do—says Enrico—is to go to our hotel.

— That's an extraordinary idea!—says his wife.

Two porters approach.

— Do you want a taxi, sir?—asks one.

— Yes,—answers George.

The porters pick up the numerous bags, and carry them toward the exit. The men are so loaded down that they look like walking mountains in miniature. Upon reaching the taxi, Carlo gives them a hundred lire note. But one of the porters says:

— That's not enough, sir!

— All right, here you have fifty lire more. Are you satisfied?

— Yes, sir. Thanks.

— Where do you want to go, gentlemen?—asks the taxi driver.

— To the Excelsior Hotel.

— How much do we owe you?—Giorgio asks the taxi driver.

— One hundred and thirty lire—answers the latter politely.

— Here are one hundred and fifty lire.

— Thank you, thank you very much, gentlemen. Good bye.

NELL'ALBERGO

I nostri turisti entrano nell'albergo preceduti dal portiere, e vanno direttamente all'ufficio.

— Buon giorno, signori,—dice l'impiegato con un inchino cortese.

— Buon giorno—risponde il signor Smith.—Noi siamo la famiglia Smith e la famiglia Brown.

— Tanto piacere, signori! Ricordo perfettamente i nomi. Loro hanno telegrafato una settimana fa per prenotare quattro camere. Sono pronte. Vogliono avere la gentilezza di firmare il registro?

— Certo.

— Grazie. Giuseppe, conduci i signori alle loro camere. Per favore, signori, prendano l'ascensore qui a sinistra. Le loro camere sono al quinto piano.

Ben presto i nostri amici sono nelle loro stanze e incominciano a mettere le loro cose a posto.

— Che facciamo adesso?—domanda Giorgio.

— Prima di tutto voglio fare una doccia — dice Giannina. —Intanto suono per la cameriera. Quando viene, mamma, vuoi darle la biancheria da lavare?

La cameriera bussa alla porta.

— Avanti!—dice la signora Margherita.

— Ha chiamato, signora?

— Sì. Qui c'è della biancheria da lavare. Vuole prenderla adesso?

— Certo, signora. Per quando la vuole?

— Per domani sera, s'è possibile.

— Credo di sì.

— Questa è la nota della biancheria. Ci sono:

      6 camicie da uomo da inamidarsi e stirarsi con cura.

   12 fazzoletti da uomo

   12 fazzoletti da donna

    6 paia di calzini

    4 paia di mutande

AT THE HOTEL

Our tourists enter the hotel preceded by a porter and go directly to the desk.

— Good morning, sir—says the clerk with a courteous bow.

— Good morning—answers Mr. Smith. We are the Smith and Brown families.

— Delighted, gentlemen! I remember your names perfectly. You telegraphed a week ago engaging four rooms. They are ready. Will you be good enough to sign the register?

— Certainly.

— Thank you. Joseph, take these ladies and gentlemen to their rooms. If you please, gentlemen, take the elevator to the left. Your rooms are on the fifth floor.

Presently our friends are in their rooms and begin to put their things in place.

— What shall we do now?—asks Giorgio.

— First of all I want to take a shower,—says Giannina.—I shall ring for the maid now. When she comes, mother, please give her the laundry.

The maid knocks at the door.

— Come in!—says Margherita.

— Did you call, madam?

— Yes. Here is some laundry to be done. Will you take it now?

— Of course, madam. How soon do you want it?

— For tomorrow night, if at all possible.

—I think it can be done.

—This is the laundry list. There are:

    6 men's shirts to be starched and ironed carefully.

  12 gentlemen's handkerchiefs

  12 ladies' handkerchiefs

   6 pairs of socks

   4 suits of underwear

4 pigiama

6 colletti

— Va benissimo, signora.

— Oh, senta,—dice il signor Brown—mi vuole far stirare questo paio di calzoni? Ma li vorrei prima di sera.

— Li avrà fra un'ora se desidera. Vogliono altro?

— Nient'altro, grazie. Tenga, questo è per lei. (Le dà una mancia).

— Grazie mille, signora.

IN UN RISTORANTE

— È già l'una, ed io ho appetito—esclama Giorgio.

— Anch'io—dice Giannina.—Abbiamo camminato molto e sono un po' stanca.

— Possiamo rimediare facilmente—dice il signor Enrico.—Ecco un ristorante. Entriamo, così ci riposeremo mentre faremo colazione

Tutti sono d'accordo che l'idea è eccellente ed entrano. Il capocameriere li conduce ad una tavola e dà ad ognuno la lista delle vivande. Qualche minuto dopo viene un cameriere.

— Vogliono ordinare adesso, signori?

— Che cosa abbiamo di buono oggi?—domanda Margherita.

— Tutto è ottimo oggi, signora, ma abbiamo del pesce veramente speciale.

— Lo prenderò più tardi. Per adesso incominciamo con l'antipasto.

— Antipasto per tutti?

Tutti dicono di sì.

— E dopo? Vogliono del minestrone o del brodo di pollo con pastina?

Le due signore non vogliono nè brodo nè minestrone. Giannina ordina il brodo, ed i tre uomini si accontentano del minestrone.

— Benissimo—dice il cameriere;—un brodo e tre minestroni. E dopo? Lasagne? Spaghetti? Risotto alla milanese?

— Lasagne per me,—dice Giannina.

Anche Giorgio e le signore ordinano lasagne, ma Enrico e Carlo preferiscono provare il risotto alla milanese, che è un piatto famoso nell'Italia settentrionale.

4 pairs of pajamas
6 collars

— Very well, madam.

— Oh, by the way!—says Mr. Brown,—will you be good enough to have these trousers pressed for me? I should like to have them before this evening.

— You shall have them in an hour, if you wish. Is there anything else?

— Nothing else, thank you. Here, this is for you (gives her a tip).

— Thank you very much, madam.

IN A RESTAURANT

— It's already one o'clock, and I am hungry—exclaims Giorgio.

— I too—says Giannina. We have walked a great deal and I am a bit tired.

— We can fix that up easily — says Enrico. Here is a restaurant. Let us go in, and we will take a rest while we are having lunch.

All agree that it is an excellent idea and they enter the restaurant. The head waiter leads them to a table and gives each one a menu. A few minutes later a waiter approaches.

— Will you order now, gentlemen?

— Have you anything especially good to-day?

— Everything is good today, madam, but we have some fish that is really excellent.

— I will have it later on. For the time being let us begin with the appetizers.

— Appetizers for everybody?

Everybody agrees.

— And after that? Do you want some vegetable soup or chicken broth with pastina.

The ladies want neither broth nor soup. Giannina orders the broth and the three men take soup.

—Very well—says the waiter; one broth and three soups. And after that? Lasagna (a dish composed of various layers of meat, cheese, macaroni, baked to a fine point). Spaghetti? Rice in the Milanese style?

— I'll take the lasagna,—says Giannina.

Giorgio, and the ladies too, order the lasagna, but Enrico and

— 101 —

—Allora quattro lasagne e due risotti—dice il cameriere.—Vogliono ordinare il resto adesso?

—Pesce con contorno di spinaci per me—dice Margherita.

—Io prendo una cotoletta con contorno di patate fritte,—dice Giorgio.

—Cotoletta anche per me, ma senza patate. Preferisco un contorno di piselli, invece—dice Giannina.

—Lo stesso per me—dice Margherita.

—A me invece porti dell'agnello arrosto con piselli, — dice Francesca.

—Per me porti costolette d'agnello con patate,—dice Carlo.

—Per me una buona bistecca non troppo cotta,—dice Enrico.

—Che cosa vogliono da bere?—domanda il cameriere.

—Per adesso ci porti due bottiglie di vino bianco.

—Benissimo; grazie signori.

Il pranzo è veramente eccellente e tutti mangiano con buon appetito. Alla fine prendono della frutta fresca (mele, fichi, uva) e dopo caffè nero. Il signor Brown paga il conto e dà una buona mancia al cameriere il cui servizio è stato eccellente. I nostri amici sono molto soddisfatti.

IN PARTENZA PER VENEZIA

I nostri viaggiatori decidono di partire per Venezia. Il signor Brown va all'ufficio dell'albergo e domanda all'impiegato:

—Ha un orario generale, per piacere?

—Sì, signore; eccolo. Se permette posso darle io le informazioni che desidera.

—Vogliamo partire domani mattina per Venezia.

—Benissimo. C'è un treno espresso che parte alle otto e quindici.

—No, è un po' troppo presto. Non cc ne uno che parte verso le undici?

—Sì, signore, c'è quello delle undici e sei che arriva a Venezia alle quattordici e quaranta.

—Questo treno fa per noi. Bisogna andare alla stazione per i biglietti?

—Non è necessario. Se vuole pensiamo noi a procurarli.

—Mi farà un gran piacere.

Carlo prefer to try the rice Milanese style, which is a famous dish of the north of Italy.

— So, four lasagne and two rice dishes—says the waiter. Will you order the rest of the meal now?

— I'll have fish with a side dish of spinach—says Margherita.

— I will take a cutlet with some fried potatoes, says Giorgio.

— A cutlet for me too, but without potatoes, I prefer a side dish of peas, instead, says Giannina.

— The same for me—says Margherita.

— For me, however, you may bring some roast lamb with peas, says Francesca.

— For me bring some lamb chops with potatoes, says Carlo.

— And for me a good beaf steak not too well done, says Enrico.

— And what will you have to drink? — asks the waiter.

—To begin with, please, bring us two bottles of white wine.

— Very well. Thank you, gentlemen.

The meal is really excellent and all eat with great appetite. For dessert, they take fresh fruit (apples, figs, grapes) and after that, black coffee. Mr. Brown pays the bill and gives a good tip to the waiter, whose service has been excellent. Our friends are very well pleased.

LEAVING FOR VENICE

Our travelers decide to leave for Venice. Mr. Brown goes to the hotel desk and asks the clerk:

— Have you a time table, please?

— Yes, sir, here it is. If you wish I can give you the information you want.

— We want to leave for Venice tomorrow morning.

— Very well. There is an express train which leaves at a quarter past eight.

— No, that is a little too early. Isn't there one that leaves around 11 o'clock?

— Yes sir, there is the 11:06 train which reaches Venice at two forty p. m.

— That train will suit us. Must we go to the station to get tickets?

— It is not necessary. If you wish, we can get them for you.

— That would be fine.

— Quanti biglietti le occorrono?

— Sei, di seconda classe.

— Saranno pronti domani mattina o stasera stesso se vuole.

— Va benissimo per domani mattina. Grazie mille. Arrivederla.

— Arrivederla.

L'indomani mattina i nostri amici fanno colazione verso le otto e mezzo nel ristorante dell'albergo. Poi ritornano alle loro camere per preparare le valigie. Alle dieci e mezzo suonano per il portabagagli. Questi viene subito e porta giù le valigie. Il portiere dell'albergo intanto ha chiamato un tassì che adesso aspetta all'uscita.

Il signor Brown prende i biglietti e paga il conto.

In dieci minuti sono alla stazione. Il treno è in orario e parte dal binario numero cinque.

I nostri amici sono molto felici perchè in poche ore saranno nella bella e romantica città di Venezia.

I NOSTRI AMICI VANNO A TEATRO

Giannina e Giorgio sono usciti soli e camminano sottobraccio per Venezia. Molte persone si voltano per guardarli. "Che bella coppia!" esclama qualcuno.

— Che cosa vorresti fare stasera?—domanda Giorgio.

— Mah! Voglio essere con te.

— Eh, questo lo so. Dove vado io vieni anche tu.

— Vogliamo andare a teatro?

— Bene! Vediamo sul giornale che cosa si dà stasera.

— Non è necessario. Guarda! Ci sono molti affissi sui muri. Al Fenice stasera e domani sera si darà "Madame Butterfly" con Toti Del Monte.

— Mi piacerebbe vederla. Ho sentito dire che la Del Monte è un soprano eccellente. Ma guarda qui. Stasera al teatro Goldoni si dà il dramma "Romanticismo" con il grande attore Memo Benassi.

— Allora senti che facciamo. Stasera andremo a vedere "Romanticismo" e domani sera "Madame Butterfly."

Giorgio ferma un signore che passa.

— Scusi, mi può indicare per favore la strada per andare al teatro Goldoni?

— Certo. È facilissimo. È qui vicino a Piazza San Marco. Prenda questa strada e la segua per tre o quattro minuti. Arrivato

— How many tickets do you want?

— Six, in second class.

— We will have them for you tomorrow morning or this evening, if you wish.

— It will be all right tomorrow morning. Thank you very much. Good-bye!

— Good-bye!

The following morning our friends have breakfast at about 8:30 in the restaurant of the hotel. They then return to their rooms to pack their baggage. At 10:30 they ring for the porter. He comes at once and brings down the baggage. The hotel porter has called a taxi in the meantime and it is now waiting at the hotel door. Mr. Brown picks up the tickets and pays the bill.

In ten minutes they reach the station. The train is on time and they leave from track No. 5.

Our friends are very happy because in a few hours they will arrive in the beautiful and romantic city of Venice.

OUR FRIENDS GO TO THE THEATER

Giannina and Giorgio have gone out by themselves and are walking arm in arm through Venice. Many people turn around to look at them. "What a lovely couple!" exclaims someone.

— What would you like to do tonight? asks Giorgio.

— I want to be with you.

— Well I know that. Wherever I go you come along with me.

— Shall we go to the theater?

— All right! Let us see in the papers what they are playing tonight.

— That will not be necessary. Look! There are many posters on the walls. At the Fenice tonight and tomorrow night they are giving a performance of "Madame Butterfly" with Toti Del Monte.

— I woud like to see her. I've heard that Madam Del Monte is an excellent soprano. But look, they are playing "Romanticism" with the great actor Memo Benassi at the Goldoni theater tonight.

— Well, then, this is what we'll do. Tonight we will see Romanticism and tomorrow night Madam Butterfly.

Giorgio stops a gentleman who passes by.

— Excuse me. Would you be good enough to tell me how to get to the Goldoni theater?

— Certainly. It's very easy. It is right near San Marco Square.

ad una piazzetta volti a sinistra. Il teatro è a pochi passi da lì.

— Grazie mille.

— Prego.

I due innamorati seguono la strada indicata e ben presto si trovano al botteghino del Teatro Goldoni.

— Vorrei sei biglietti per stasera.

— Sì, signore. Platea o galleria?

— Platea.

— Ecco servito, signore. Sei biglietti in quinta fila. Va bene?

— Benissimo. Quanto le debbo?

— Seicento lire, più sessanta di tassa.

— Ecco. Grazie.

— Grazie a lei, signore. Arrivederla.

— Sai che vorrei fare, mia cara Giannina? Giacchè ci siamo, andiamo a comprare anche i biglietti per domani sera.

Un altro passante indica loro la via per andare al Fenice, che è pure molto vicino a Piazza San Marco. Giorgio questa volta prenota un palco. Giannina è felice. Anche Giorgio è felice. E perchè no? Non sono innamorati?

I NOSTRI AMICI FANNO DELLE COMPERE

Giannina—Ecco una cartoleria. Vogliamo entrare un momento?
Voglio comprare alcune cose.

Giorgio—Va bene, entriamo.

Cartolaio—Buon giorno, signori. Che cosa desiderano?

Giannina—Per piacere mi dia una bottiglietta di inchiostro nero per penna stilografica.

Cartolaio—Eccola servita, signorina. Vuole altro?

Giannina—Sì, ha della carta da scrivere?

Cartolaio—Sì, signorina. Le piace questa?

Giannina—Non tanto. Non ha qualche cosa di meglio?

Cartolaio—Sì. Ecco questa che è di qualità finissima.

Giannina—Questa va bene. Quanti foglietti e buste ci sono in questa scatola?

Cartolaio—Ventiquattro foglietti e ventiquattro buste. Vogliono altro?

Giannina—No, grazie.

Giorgio—Non vuoi comprare delle cartoline?

Follow this street for three or four minutes. When you reach a small square turn to the left. The theater is a few steps away from there.

— Thank you kindly.

— Not at all.

The two lovers follow the street indicated and they soon reach the ticket office of the Goldoni theater.

— I would like six tickets for tonight.

— Yes, sir. Orchestra or balcony?

— Orchestra.

— Here you are, sir. Six tickets in the fifth row. All right?

— That is fine. How much is it, please?

— 600 lire, plus 60 lire tax.

— Here you are. Thank you.

— Thank you, sir. Goodbye.

— Do you know what I would like to do, my dear Giannina? While we are at it, let us buy the tickets for tomorrow night too.

Another passerby tells them how to get to the Fenice, which is also near San Marco Square. This time Giorgio reserves a box. Giannina is happy. Giorgio is happy too. And why not? Are they not in love?

OUR FRIENDS GO SHOPPING

Giannina—Here is a stationery store. Shall we go in for a moment? I want to buy some things.

Giorgio—All right, let's go in.

Stationer—Good morning, sir. Good morning, miss. May I help you?

Giannina—May I please have a small bottle of black fountain pen ink?

Stationer—Here you are, miss. Do you wish anything else?

Giannina—Yes, have you any letter paper?

Stationer—Yes, miss. Do you like this?

Giannina—Not so very much. Have you something better?

Stationer—Yes. Here's some of very fine quality.

Giannina—This will do nicely. How many sheets and envelopes are there in this box?

Stationer—Twenty-four sheets and twenty-four envelopes. Will you have anything else?

Giannina—No, thank you.

Giorgio—Don't you want to buy some postcards?

Giannina—Ah, sì. L'avevo dimenticato.

Cartolaio—Ecco delle cartoline a colore. Scelgano pure.

Giannina e Giorgio scelgono una dozzina di vedute della città.

Giorgio—Quanto le debbo?

Cartolaio—Diciotto per l'inchiostro, quaranta per la carta e tren-
tasei per le cartoline. Totale novantaquattro lire.

Giorgio—Ecco cento lire.

Cartolaio—Grazie, signore. Ecco sei lire di resto.

Giannina e Giorgio raggiungono gli altri che aspettano fuori.

Francesca—Ho visto dei guanti bellissimi in quella vetrina. Volete
entrare anche voi nel negozio?

Tutti entrano. Il commesso li saluta e domanda che cosa desiderano.

Francesca—Mi piacciono molto quei guanti nella vetrina. Vorrei
comprarne un paio per me.

Commesso—Certo, signora. Che misura?

Francesca—Sei e mezzo, mi pare.

Margherita—Ne vorrei un paio anch'io. Ma li preferisco color
marrone, se li ha.

Commesso—Ho proprio quello che lei desidera, signora. Ecco.

Giannina—Non ne ha anche un paio del colore del mio cappello?

Commesso—Mi dispiace molto, signorina. Non ho l'esatto colore,
ma questo paio qui s'adatta benissimo col colore del suo cappello.

Giannina—Va bene, li prendo.

Giorgio—Io vorrei un portafogli. Me ne vuole mostrare alcuni?

Commesso—Con piacere. Eccone parecchi. Scelga pure quel che le
piace.

I tre uomini comprano portafogli e le donne guanti. Inoltre
Giannina compra una bella borsetta.

Giannina—Oh yes! I had forgotten.

Stationer—Here are some colored postcards. Please select the ones you like.

Giannina and Giorgio choose a dozen views of the city.

Giorgio—How much is it?

Stationer—Eighteen for the ink, forty for the paper, and thirty-six for the postcards. Ninety-four lire in all.

Giorgio—Here are one hundred lire.

Stationer—Thank you, sir. And here are six lire change.

Giannina and Giorgio join the others who have been waiting outside.

Francesca—I saw some beautiful gloves in that show case. Do you want to come into the store?

They all go in. The clerk greets them and asks them what they want.

Francesca—I like those gloves in the window very much. I would like to buy a pair for myself.

Clerk—Certainly, madam. What size?

Francesca—A 6½, I think.

Margherita—I would like a pair too. But I prefer them brown, if you have that color.

Clerk—I have exactly what you want, madam. Here you are.

Giannina—Do you also have a pair the same color as my hat?

Clerk—I am very sorry, miss. I don't have them in the exact color, but this pair will match the color of your hat very closely.

Giannina—Very well, I'll take them.

Giorgio—I would like a wallet. Can you show me some?

Clerk—With pleasure. Here are several. Chose the ones you like.

The three men buy wallets and the ladies gloves. Giannina buys a beautiful handbag too.

APPENDIX

TABLE OF COMMON IRREGULAR VERBS

NOTE—Only the irregular tenses and those which may present some difficulty in spelling are given.

The following abbreviations are used for the tenses:

Pres.—Presente
Fut.—Futuro
P. P.—Passato Prossimo
P. R.—Passato Remoto
Cond.—Condizionale
Impf.—Imperfetto
Impv.—Imperativo
Pres. Sub.—Congiuntivo Presente
Impf. Sub.—Congiuntivo Imperfetto

1. ACCENDERE—to light, to put on (the light)
   P.P.—io ho acceso, tu hai acceso, etc.
   P.R.—accesi, accendesti, accese, accendemmo, accendeste, accesero.

2. ACCORGERSI—to notice, to perceive
   P.P.—mi sono accorto, ti sei accorto, etc.
   P.R.—mi accorsi, ti accorgesti, si accorse, ci accorgemmo, vi accorgeste, si accorsero.
   Impv.—accorgiti, si accorga, accorgiamoci, accorgetevi, si accorgano.

3. ANDARE—to go
   Pres.—vado, vai, va, andiamo, andate, vanno
   Fut.—andrò, andrai, andrà, andremo, andrete, andranno.
   Cond.—andrei, andresti, andrebbe, andremmo, andreste, andrebbero.
   P.P.—sono andato, sei andato, etc.
   Impv.— và, vada, andiamo, andate, vadano.
   Pres. Sub.—vada, vada, vada, andiamo, andiate, vadano.

4.. APRIRE—to open

    P.P.—ho aperto, hai aperto, etc.

    P.R.—apersi **or** aprii, apristi, aperse **or** aprì, aprimmo, apriste, apersero **or** aprirono.

5—AVERE—to have

    Pres.—ho, hai, ha, abbiamo, avete, hanno.

    P.R.—ebbi, avesti, ebbe, avemmo, aveste, ebbero.

    Fut.—avrò, avrai, avrà, avremo, avrete, avranno.

    Cond.—avrei, avresti, avrebbe, avremmo, avreste, avrebbero.

    Impv.—abbi, abbia, abbiamo, abbiate, abbiano.

    Pres. Sub.—abbia, abbia, abbia, abbiamo, abbiate, abbiano.

6. BERE **or** BEVERE—to drink

    Pres.—bevo, bevi, beve, beviamo, bevete, bevono.

    Fut.—berrò, berrai, berrà, berremo, berrete, berranno.

    Cond.—berrei, berresti, berrebbe, berremmo, berreste, berrebbero.

    P.P.—ho bevuto, hai bevuto, etc.

    P.R.—bevvi, bevesti, bevve, bevemmo, beveste, bevvero.

    Impf.—bevevo, bevevi, beveva, bevevamo, bevevate, bevevano.

    Impv.—bevi, beva, beviamo, bevete, bevano.

    Pres. Sub.—beva, beva, beva, beviamo, beviate, bevano.

    Impf. Sub.—bevessi, bevessi, bevesse, bevessimo, beveste, bevessero.

7. CADERE—to fall

    P.P.—sono caduto, sei caduto, etc.

    P.R.—caddi, cadesti, cadde, cademmo, cadeste, caddero.

    Fut.—cadrò, cadrai, cadrà, cadremo, cadrete, cadranno.

    Cond.—cadrei, cadresti, cadrebbe, cadremmo, cadreste, cadrebbero.

8. CHIEDERE—to ask

    P.P.—ho chiesto, hai chiesto, etc.

    P.R.—chiesi, chiedesti, chiese, chiedemmo, chiedeste, chiesero.

9. CHIUDERE—to close, to shut

    P.P.—ho chiuso, hai chiuso, etc.

    P.R.—chiusi, chiudesti, chiuse, chiudemmo, chiudeste, chiusero.

10. COGLIERE—to gather, to pick

    Pres.—colgo, cogli, coglie, cogliamo, cogliete, colgono.

    P.P.—ho colto, hai colto, etc.

    P.R.—colsi, cogliesti, colse, cogliemmo, coglieste, colsero.

    Pres. Sub.—colga, colga, colga, cogliamo, cogliate, colgano.

11. CONDURRE (conducere)—to lead, to conduct, to take (some-
one to some place)
Pres.—conduco, conduci, conduce, conduciamo, conducete,
conducono.
Fut.—condurrò, condurrai, condurrà, condurremo, condurrete,
condurranno.
Cond.—condurrei, condurresti, etc.
P.P.—ho condotto, hai condotto, etc.
P.R.—condussi, conducesti, condusse, conducemmo, conduceste,
condussero.
Impf.—conducevo, conducevi, etc.
Impv.—conduci, conduca, conduciamo, conducete, conducano.
Pres. Sub.—conduca, conduca, conduca, conduciamo, conduciate,
conducano.
Impf. Sub.—conducessi, conducessi, conducesse, etc.
Pres. Participle—conducendo.
12. CONOSCERE—to know (usually to know someone)
P.P.—ho conosciuto, etc.
P.R.—conobbi, conoscesti, conobbe, conoscemmo, conosceste,
conobbero.
13. COPRIRE—to cover
P.P.—ho coperto, hai coperto, etc.
14. CORREGGERE—to correct
P.P.—ho corretto, hai corretto, etc.
P.R.—corressi, correggesti, corresse, correggemmo, correggeste,
corressero.
15. CORRERE—to run
P.P.—ho corso, hai corso, etc **or** sono corso, sei corso, etc.
(From one place to another)
P.R.—corsi, corresti, corse, corremmo, correste, corsero.
16. DARE—to give
Pres.—do, dai, dà, diamo, date, danno.
P.P.—ho dato, hai dato, etc.
P.R.—diedi, desti, diede, demmo, deste, diedero.
Fut.—darò, darai, darà, daremo, darete, daranno.
Cond.—darei, daresti, darebbe, daremmo, dareste, darebbero.
Impf.—davo, davi, dava, davamo, davate, davano.
Impv.—dà, dia, diamo, date, diano.
Pres. Sub.—dia, dia, dia, diamo, diate, diano.
Impf. Sub.—dessi, dessi, desse, dessimo, deste, dessero.

17. DECIDERE—to decide
    P.P.—ho deciso, hai deciso, etc.
    P.R.—decisi, decidesti, decise, decidemmo, decideste, decisero.
18. DIRE—to say, to tell, (conjugated from old form DICERE)
    Pres.—dico, dici, dice, diciamo, dite, dicono.
    P.P.—ho detto, hai detto, etc.
    P.R.—dissi, dicesti, disse, dicemmo, diceste, dissero.
    Fut.—dirò, dirai, dirà, diremo, direte, diranno.
    Cond.—direi, diresti, direbbe, diremmo, direste, direbbero.
    Impf.—dicevo, dicevi, diceva, dicevamo, dicevate, dicevano.
    Impv.—di', (or dici), dica, diciamo, dite, dicano.
    Pres. Sub.—dica, dica, dica, diciamo, diciate, dicano.
    Impf. Sub.—dicessi, dicessi, dicesse, dicessimo, diceste,
        dicessero.
    Pres. Participle—dicendo
19. DISCUTERE—to discuss
    P.P.—ho discusso, hai discusso, etc.
    P.R.—discussi, discutesti, discusse, discutemmo, discuteste,
        discussero.
20. DISTINGUERE—to distinguish
    Pres.—distinguo, distingui, distingue, distinguiamo, distin-
        guete, distinguono.
    P.P.—ho distinto, hai distinto, etc.
    P.R.—distinsi, distinguesti, distinse, distinguemmo, distingueste,
        distinsero.
21. DIVIDERE—to divide
    P.P.—ho diviso, hai diviso, etc.
    P.R.—divisi, dividesti, divise, dividemmo, divideste, divisero.
22. DOVERE—to have to, must
    Pres.—devo or debbo, devi, deve, dobbiamo, dovete, devono
        or debbono.
    P.R.—dovei or dovetti, dovesti, dovè or dovette, dovemmo,
        doveste, doverono or dovettero.
    Fut.—dovrò, dovrai, dovrà, dovremo, dovrete, dovranno.
    Cond.—dovrei, dovresti, dovrebbe, dovremmo, dovreste,
        dovrebbero.
    Pres. Sub.—deva, deva, deva, (or debba, debba, debba),
        dobbiamo, dobbiate, devano or debbano.
23. ESPRIMERE—to express
    P.P.—ho espresso, hai espresso, etc.

P.R.—espressi, esprimesti, espresse, esprimemmo, esprimeste, espressero.

24. ESSERE—to be
    Pres.—sono, sei, è, siamo, siete, sono.
    P.P.—sono stato, sei stato, etc.
    P.R.—fui, fosti, fu, fummo, foste, furono.
    Fut.—sarò, sarai, sarà, saremo, sarete, saranno.
    Cond.—sarei, saresti, sarebbe, saremmo, sareste, sarebbero.
    Impf.—ero, eri, era, eravamo, eravate, erano.
    Impv.—sii, sia, siamo, siate, siano.
    Pres. Sub.—sia, sia, sia, siamo, siate, siano.
    Impf. Sub.—fossi, fossi, fosse, fossimo, foste, fossero.

25. FARE—to do, to make (old form FACERE)
    Pres.—faccio, fai, fa, facciamo, fate, fanno.
    P.P.—ho fatto, hai fatto, etc.
    P.R.—feci, facesti, fece, facemmo, faceste, fecero.
    Fut.—farò, farai, farà, faremo, farete, faranno.
    Cond.—farei, faresti, farebbe, faremmo, fareste, farebbero.
    Impf.—facevo, facevi, etc.
    Impv.—fà, faccia, facciamo, fate, facciano.
    Pres. Sub.—faccia, faccia, faccia, facciamo, facciate, facciano.
    Impf. Sub.—facessi, facessi, etc.
    Pres. Participle—facendo.

26. FINGERE—to pretend
    P.R.—finsi, fingesti, finse, fingemmo, fingeste, finsero.

27. GIUNGERE—to arrive, to reach
    P.P.—sono giunto, sei giunto, etc.
    P.R.—giunsi, giungesti, giunse, giungemmo, giungeste, giunsero.

28. LEGGERE—to read
    P.P.—ho letto, hai letto, etc.
    P.R.—lessi, leggesti, lesse, leggemmo, leggeste, lessero.

29. METTERE—to put; METTERSI A—to begin; METTERSI—to
    wear
    P.P.—ho messo, hai messo, etc.
    P.R.—misi, mettesti, mise,, mettemmo, metteste, misero.

30. MORIRE—to die
    Pres.—muoio, muori, muore, moriamo, morite, muoiono.
    P.P.—sono morto, sei morto, etc.
    Fut.—morrò, morrai, morrà, morremo, morrete, morranno,
    also morirò, morirai, etc.

Cond.—morrei, morresti, etc., **also** morirei, etc.
Impv.—muori, muoia, moriamo, morite, muoiano.
Pres. Sub.—muoia, muoia, muoia, moriamo, moriate, muoiano.

31. MUOVERE—to move (**not** to change residence)
Pres.—muovo, muovi, muove, moviamo, movete, muovono.
P.P.—ho mosso, hai mosso, etc.
P.R.—mossi, movesti, mosse, movemmo, moveste, mossero.
Ipv.—muovi, muova, moviamo, movete, muovano.
Pres. Sub.—muova, muova, muova, moviamo, moviate,
   muovano.

32.—NASCERE—to be born
P.P.—sono nato, sei nato, etc.
P.R.—egli nacque, essi nacquero.

33. NASCONDERE—to hide, to conceal
P.P.—ho nascosto, hai nascosto, etc.
P.R.—nascosi, nascondesti, nascose, nascondemmo, nascondeste,
   nascosero.

34. OFFENDERE—to offend
P.P.—ho offeso, hai offeso, etc.
P.R.—offesi, offendesti, offese, offendemmo, offendeste,
   offesero.

35. OFFRIRE—to offer
P.P.—ho offerto, hai offerto, etc.
P.R.—offrii **or** offersi, offristi, offrì **or** offerse, offrimmo,
   offriste, offrirono **or** offersero.

36. PERDERE—to lose
P.P.—ho perso **or** ho perduto, hai perso **or** hai perduto, etc.
P.R.—persi **or** perdei **or** perdetti, perdesti, perse **or** perdè
   or perdette, perdemmo, perdeste, perderono **or** persero
   or perdettero.

37. PIACERE—to like, to please, to be pleasing.

NOTE—This verb is most commonly used in the third person
singular or plural. The "thing" or "person" liked becomes
the subject of the Italian sentence, and the person who likes
it becomes the indirect object. Thus the sentence "He likes
the book" becomes "The book is pleasing to him"—**il libro
gli piace.**

Pres.—piaccio, piaci, piace, piacciamo, piacete, piacciono.

P.P.—sono piaciuto, sei piaciuto, etc.

P.R.—piacqui, piacesti, piacque, piacemmo, piaceste, piacquero.

Impv.—piaci, piaccia, piacciamo, piacete, piacciano.

Pres. Sub.—piaccia, piaccia, piaccia, piacciamo, piacciate, piacciano.

38. PIANGERE—to cry, to weep

P.P.—ho pianto, hai pianto, etc.

P.R.—piansi, piangesti, pianse, piangemmo, piangeste, piansero.

39. POTERE—to be able to, can, may

Pres.—posso, puoi, può, possiamo, potete, possono.

Fut.—potrò, potrai, potrà, potremo, potrete, potranno.

Cond.—potrei, potresti, potrebbe, potremmo, potreste, potrebbero.

Pres. Sub.—possa, possa, possa, possiamo, possiate, possano.

40. PRENDERE—to take

P.P.—ho preso, hai preso, etc

P.R.—presi, prendesti, prese, prendemmo, prendeste, presero.

41. RENDERE—to give back, to render

P.P.—ho reso, hai reso, etc.

P.R.—resi, rendesti, rese, rendemmo, rendeste, resero.

42. RIDERE—to laugh

P.P.—ho riso, hai riso, etc.

P.R.—risi, ridesti, rise, ridemmo, rideste, risero.

43. RIMANERE—to remain

Pres.—rimango, rimani, rimane, rimaniamo, rimanete, rimangono.

P.P.—sono rimasto, sei rimasto, etc.

P.R.—rimasi, rimanesti, rimase, rimanemmo, rimaneste, rimasero.

Fut.—rimarrò, rimarrai, rimarrà, rimarremo, rimarrete, rimarranno.

Cond.—rimarrei, rimarresti, etc.

Impv.—rimani, rimanga, rimaniamo, rimanete, rimangano.

Pres. Sub.—rimanga, rimanga, rimanga, rimaniamo, rimaniate, rimangano.

44. RISPONDERE—to answer, to reply

P.P.—ho risposto, hai risposto, etc.

P.R.—risposi, rispondesti, rispose, rispondemmo, rispondeste, risposero.

45. ROMPERE—to break

    P.P.—ho rotto, hai rotto, etc.

    P.R.—ruppi, rompesti, ruppe, rompemmo, rompeste, ruppero.

46. SALIRE—to go up, to climb

    Pres.—salgo, sali, sale, saliamo, salite, salgono

    P.P.—sono salito, sei salito, etc.

    —ho salito, hai salito, etc. (when used with a direct object)

    Impv.—sali, salga, saliamo, salite, salgano.

    Pres. Sub.—salga, salga, salga, saliamo, saliate, salgano.

47. SAPERE—to know (to have knowledge of)

    Pres.—so, sai, sa, sappiamo, sapete, sanno.

    P.R.—seppi, sapesti, seppe, sapemmo, sapeste, seppero.

    Fut.—saprò, saprai, saprà, sapremo, saprete, sapranno.

    Cond.—saprei, sapresti, saprebbe, sapremmo, sapreste, saprebbero.

    Impv.—sappi, sappia, sappiamo, sappiate, sappiano.

    Pres. Sub.—sappia, sappia, sappia, sappiamo, sappiate, sappiano.

48. SCEGLIERE—to choose, to select

    Pres.—scelgo, scegli, sceglie, scegliamo, scegliete, scelgono.

    P.P.—ho scelto, hai scelto, etc.

    P.R.—scelsi, scegliesti, scelse, scegliemmo, sceglieste, scelsero.

    Fut.—sceglierò, sceglierai, etc.

    Cond.—sceglierei, scegliersti, etc.

    Impv.—scegli, scelga, scegliamo, scegliete, scelgano.

    Pres. Sub.—scelga, scelga, scelga, scegliamo, scegliate, scelgano.

49. SCENDERE—to go down, to descend

    P.P.—sono sceso, sei sceso, etc.

    —ho sceso, hai sceso, etc. (when used with a direct object)

50. SCOPRIRE—to discover

    P.P.—ho scoperto, hai scoperto, etc.

    P.R.—scoprii **or** scopersi, scopristi, scoprì **or** scoperse, scoprimmo, scopriste, scoprirono **or** scopersero..

51. SCRIVERE—to write

    P.P.—ho scritto, hai scritto, etc.

    P.R.—scrissi, scrivesti, scrisse, scrivemmo, scriveste, scrissero.

52. SEDERE—to sit, to sit down; SEDERSI—to sit down

    Pres.—seggo **or** siedo, siedi, siede, sediamo, sedete, seggono **or** siedono.

Impv.—siedi, sieda **or** segga, sediamo, sedete, siedano **or** seggano..

Pres. Sub.—sieda, sieda, sieda **or** segga, segga, segga, sediamo, sediate, siedano **or** seggano.

53. SOFFRIRE—to suffer

P.P.—ho sofferto, hai sofferto, etc.

P.R.—soffrii **or** soffersi, soffristi, soffrì **or** sofferse, soffrimmo, soffriste, soffrirono **or** soffersero.

54. SPEGNERE or SPENGERE—to extinguish, to put out (fire, light, etc.)

Pres.—(**regular**) also, io spengo, essi spengono.

P.P.—ho spento, hai spento, etc.

P.R.—spensi, spegnesti, spense, spegnemmo, spegneste, spensero.

Impv.—spegni, spenga **or** spegna, spegniamo, spegnete, spengano **or** spegnano.

Pres. Sub.—spenga, spenga, spenga, spegniamo, spegniate, spengano.

55. SPENDERE—to spend

P.P.—ho speso, hai speso, etc.

P.R.—spesi, spendesti, spese, spendemmo, spendeste, spesero.

56. STARE—to stay (**sometimes** to be). STARE IN PIEDI—to stand, to be standing.

Pres.—sto, stai, sta, stiamo, state, stanno.

Fut.—starò, starai, etc.

Cond.—starei, staresti, etc.

P.P.—sono stato, sei stato, etc.

P.R.—stetti, stesti, stette, stemmo, steste, stettero.

Impv.—stà, stia, stiamo, state, stiano.

Pres. Sub.—stia, stia, stia, stiamo, stiate, stiano.

Impf. Sub.—stessi, stessi, stesse, stessimo, steste, stessero.

57. STRINGERE—to hold tight, to grasp, to squeeze, to bind fast —STRINGERE LA MANO—to shake hands.

P.P.—ho stretto, hai stretto, etc.

P.R.—strinsi, stringesti, strinse, stringemmo, stringeste, strinsero.

58. TENERE—to hold, to have, to keep

Pres.—tengo, tieni, tiene, teniamo, tenete, tengono.

P.R.—tenni, tenesti, tenne, tenemmo, teneste, tennero.

Fut.—terrò, terrai, terrà, terremo, terreste, terranno.

Cond.—terrei, terresti, etc.

Impv.—tieni, tenga, teniamo, tenete, tengano.

Pres. Sub.—tenga, tenga, tenga, teniamo, teniate, tengano.

59. TOSSIRE—to cough (This is a regular ISCO verb)

60. TRADURRE (traducere)—to translate

Pres.—traduco, traduci, etc.

P.P.—ho tradotto, hai tradotto, etc.

P.R.—tradussi, traducesti, tradusse, traducemmo, traduceste, tradussero.

Fut.—tradurrò, tradurrai, etc.

Cond.—tradurrei, tradurresti, etc.

Impf.—traducevo, traducevi, etc.

Impv.—traduci, traduca, traduciamo, traducete, traducano.

Pres. Sub.—traduca, traduca, traduca, traduciamo, traduciate, traducano.

Impf. Sub.—traducessi, traducessi, etc.

Pres. Participle—traducendo.

61. UCCIDERE—to kill

P.P.—ho ucciso, hai ucciso, etc.

P.R.—uccisi, uccidesti, uccise, uccidemmo, uccideste, uccisero.

62. UDIRE—to hear

Pres.—odo, odi, ode, udiamo, udite, odono.

Fut.—udrò, udrai, etc. (**Also** regular forms: **udirò,** etc.)

Impv.—odi, oda, udiamo, udite, odano.

Pres. Sub.—oda, oda, oda, udiamo, udiate, odano.

63. USCIRE—to go out

Pres.—esco, esci, esce, usciamo, uscite, escono.

Impv.—esci, esca, esca, usciamo, uscite, escano.

Pres. Sub.—esca, esca, esca, usciamo, usciate, escano.

64. VALERE—to be worth

Pres.—valgo, vali, vale, valiamo, valete, valgono.

P.P.—sono valso, sei valso, etc.

P.R.—valsi, valesti, valse, valemmo, valeste, valsero.

Fut.—varrò, varrai, etc.

Cond.—varrei, varresti, etc.

Impv.—vali, valga, valiamo, valete, valgano.

65.—VEDERE—to see

P.P.—ho visto, hai visto, etc. **Also** ho veduto, hai veduto, etc.

P.R.—vidi, vedesti, vide, vedemmo, vedeste, videro.

Fut.—vedrò, vedrai, etc.

Cond.—vedrei, vedresti, etc.

66. VENIRE—to come

Pres.—vengo, vieni, viene, veniamo, venite, vengono.

P.R.—venni, venisti, venne, venimmo, veniste, vennero.

Fut.—verrò, verrai, etc.

Cond.—verrei, verresti, etc.

Impv.—vieni, venga, veniamo, venite, vengano.

Pres. Sub.—venga, venga, venga, veniamo, veniate, vengano.

67. VINCERE—to win

P.P.—ho vinto, hai vinto, etc.

P.R.—vinsi, vincesti, vinse, vincemmo, vinceste, vinsero.

68. VIVERE—to live (NOT to reside)

Fut.—vivrò, vivrai, etc.

Cond.—vivrei, vivresti, etc.

P.P.—sono vissuto, sei vissuto, etc.

—ho vissuto, hai vissuto, etc. (When used with direct object)

69. VOLERE—to want, to be willing, to desire, to wish

Pres.—voglio, vuoi, vuole, vogliamo, volete, vogliono.

P.R.—volli, volesti, volle, volemmo, voleste, vollero.

Fut.—vorrò, vorrai, etc.

Cond.—vorrei, vorresti, etc.

Impv.—vogli, voglia, vogliamo, vogliate, vogliano.

Pres. Sub.—voglia, voglia, voglia, vogliamo, vogliate, vogliano.

ITALIAN-ENGLISH VOCABULARY

A

Abbronzato—sun-tanned
Abitudine (f.)—habit, custom
Accordo—accord, agreement
Aceto—vinegar
Acetone (m.)— nail polish remover
Acqua—water
Acqua di colonia—toilet water
Addio—goodbye
Adesso—now
Agnello—lamb
Albergo—hotel, inn
Albicocche, le—apricots
Alcuni—pl. a few, some
Alcuno—sing. some, any
Allora—then, at that time
Altro—other, else
Amico—friend
Amidare—to starch
Ammontare—come to, amount to
Anche—also, too, even
Ancora—still, yet
Andare—to go
Andata e ritorno—round trip
Anello—ring
Antipasto—appetizer
Appena—as soon as, hardly, nearly
Appetito (aver-)—to be hungry
Arancia (pl. arance)—orange

Argento—silver
Arrivare—to arrive
Arrivo—arrival
Arrivederla—till we meet again, so long
Arrossire—to blush
Arrosto—roast
Articolo—article, object, thing
Ascensore (m.)—elevator
Asciugamano—towel
Assicurare—to insure, to secure
Aspettare—to wait (for), await
Asparagi (m. pl.)—asparagus
Attore—actor, player
Autista (m. e f.)—automobile driver
Autobus—bus
Avanti—forward, before
Avere—to have
Avviso—notice, advertisement

B

Bagaglio—baggage
Bagagliaio—baggage room
Bagno—bath
Ballare—to dance
Ballo—dance
Basta!—enough, that will do!
Bastare—to suffice, be enough
Bellezza—beauty
Bello—beautiful
Bene—well, fine

Benissimo—(adv.) very well, fine

Bere—to drink

Biancheria—linen, underwear

Bianco—white

Bicchiere, il—glass

Bietola—beet

Biglietto—ticket, bill

Binario—track, rail

Birra—beer

Bisogna—it is necessary

Bisogno—need

aver Bisogno di—to need

Bistecca—steak

Boccone, il—mouthful, morsel

Bollito—boiled

Bordo—board (refers to the entire ship)

Borsetta—handbag, purse

Botteghino—booth, ticket office

Bottiglia—bottle

Buono—good, fine

Burro—butter

Bussare—to knock

Busta—envelope

C

Cabina—cabin

Caffelatte, il—coffee with milk

Caldo—warm, hot

Calzini, i—socks

Calzoni, i—trousers, pants

Camera—room

Cameriera—waitress, chamber maid

il capo Cameriere—head waiter

Camicia (pl. camicie) shirt

Camminare—to walk

Capo—head, chief, leader

Capostazione, il—station master

Cappello—hat

Carico (pl. carichi)—loaded, laden

Carne, la—meat

Caro—dear, expensive

Carota—carrot

Carta—paper

Cartolaio—stationer

Cartoleria—stationery store

Cartolina—post-card

Carrozza—coach, carriage

Cassa—trunk, chest, box

Castagna—chestnut

Cento—a hundred

Centro—center

Centro della città—midtown

Cercare—to look for

Certamente—certainly, surely

Certo—certain, positive

Che—that, which, what, whom, who

Chiamare—to call

Chiave, la—key

Chiedere—to ask

Chiesa—church

Chiudere—to close, shut

Ciliegie le—cherries

Cinghietta—band, strap

Cinematografo—moving picture theatre

Cinquanta—fifty

Cinque—five

Ciò—that, this

Cioccolata—chocolate milk

Cipolla—onion

Cipria—face powder

Città—city

Classe, la—class

Come—as, like, such as

Colazione, la—breakfast

Colletto—collar

Coltello—knife
Commesso—salesman
Comodo—comfortable
Comprare—to buy
Comune—common
Concerto—concert
Condimento—seasoning
Condurre—to lead, conduct, to take
Contento—pleased, satisfied
Contenuto—contents
Conto—account, check, bill
Contorno—garnish, side dish
Coppia—couple
acqua Corrente—running water
Cortese—courteous, kind
Cortesemente—ccurteously
Cortesia—politeness. courtesy
Cosa—thing
Così—so, thus
Costo—price
Costolette—chops
Cotoletta—cutlet
Cotto—cooked
ben Cotto—well cooked
Credo di sì—I think so
Crema—cream
Crema da barba—shaving cream
Cristallo—crystal, glass
Crudo—raw, crude
Cucchiaio—spoon
Cucchiaino—teaspoon
Cui—whom, which
Cura—cure, care

D

Da—from, by, to, since
Dare—to give
Dente, il—tooth
Dentifricio—toothpaste

Dentista (m. or f)—dentist
Dentro—in, inside, within
Destra, a—to the right
Di (prep.)—of, with, by, then
Dì—day
Dichiarare—to declare
Diciotto—eighteen
Dimenticare—to forget
Dire—to say, to tell
Direttamente—directly
mi Dispiace—I am sorry, I am displeased
Diversi—various
Divertirsi—to enjoy oneself, to have a good time
Dizionario—dictionary
Doccia—shower
Dogana—customs
Dolce—sweet, mild, gentle
Domanda—question
Domandare—to ask
Domani—tomorrow
Donna—woman, lady
Dottore, il—doctor
Dozzina—dozen
Due—two
Duro—hard, difficult

E

Eccellente—excellent, great
Ecco—here is, here are
Eccolo—here it is, here he is
Elettricità—electricity
Entrare—to enter, to come in
Errore (m.)—error, mistake, fallacy
Esatto—exact, accurate, punctual
Essere—to be

F

Faccia—face
Facile—easy
Facilmente—easily, readily
Fagiolini, i—string beans
Famiglia—family
Fare—to make, to do
Farmacia—pharmacy
Favore, il—favor, privilege
Favorire (isco)—to favor, to promote, to aid
Fazzoletto—handkerchief
Fegato—liver
Felice—happy
Fermare—to stop
Fiammifero—match
Fichi, i—figs
Figlia—daughter
Figlio—son
Fila—row, line
Finestra—window
Finestrino—little window
Finissimo—very fine
Fino—fine
Firmare—to sign
Fisso—fixed
Foglio—sheet
Forchetta—fork
Formaggio—cheese
Fortuna—fortune, luck
Fotografia—photograph
Fra—among, in, between
Fragole, le—strawberries
Frittata—omelet
Fritto—fried
Frutta—fruit
Fumare—to smoke
Fumatori (sala dei)—smoking room

Fumo—smoke
Funghi, i—mushrooms
Funzionare—function
Fuori—outside, out of

G

Gabinetto—cabinet, toilet, lavatory
Galanteria—gallantry, bravery
Galleria—gallery, balcony (in a theater)
Gentilezza—kindness, courtesy
Ghiaccio—ice
Già—already
Giacca—coat
Giacchè—since
Gioielliere, il—jeweller
Giornale, il—newspaper
Giorno—day
Giusto—right, exact, just
Grazie—thank you
Guanti—gloves
Guardia—guard

I

Identità—identity
Imparare—to learn
Impiegare—to employ
Impiegato—the clerk
Importante—important
Incominciare—to begin, start
Inchino—a bow, reverence
Inchiostro—ink
Indicare—to indicate, to point out
Indietro—behind
Indirizzo—address
Informazioni, le—informations

ufficio d'Informazioni — information office
Innamorato—lover, in love
Insalata—salad
Intanto—meanwhile, in the mean time
Interesse (m.)—interest
Interruttore elettrico—switch
Intero—entire, whole
Invece—instead
Ispettore (m)—inspector
Ispezioni, le—inspections

L

Labbro (pl. labbra, f.)—lip
Lasciare—to leave, to let
Lasagne—ribbon macaroni
Lavandino—wash tub, sink
Lavare—to wash
Leggere—to read
Letto—bed
Lettura—reading
Libero—free, unoccupied
Lingua—tongue, language
Lista—list, roll
Lontano—far away, distant
Luogo (pl. luoghi)—places

M

Ma—but, even
Macchina—machine
Maestro—teacher
strada maestra—main highway
Maggiordomo—house steward
Maiale, il—pig
Male, il—illness, evil, harm, pain
Male (adv.)—bad, badly
Mamma—mother

Mancia—tip, gratuity
Mandorla—almond
Mangiare—to eat
Marrone—brown
Matrimonio—wedding
Mattina—morning
Me—me, myself
Meglio (adv.)—better
Mela—apple
Melone, il—melon, water-melon
Meno—less, except
Mentre—while, whereas
Mese, il—month
Mettere—to put, place
Migliore (adj.)—better
Migliore, il—the best
Minestrone, il—vegetable soup
Minuto—minute
Misura—measure
Modulo—application blank, form
Moglie, la—wife
Molla—spring
Molto—much, very much
Momento—moment
Mostrare—to show, demonstrate, to point out
Muro—wall
Mutande, le—underwear

N

Ne—of it, some of it, (pron.)
Negozio—store
Nero—black, dark
Nessuno—nobody, no one
Niente—nothing
Niente affatto—not at all
No—no
Non—not, no

Noci, le—nuts
Nome, il—name, noun
Nota—note, list
Notare—to notice
Notte, la—night
Nove—nine
Nulla—nothing
Nuotare—to swim
Nuovo—new

O

Occupato—occupied, busy
Offrire—to offer
Olive, le—olives
Olio—oil
Ora—hour, time (of day), now
Orario—time
Orario generale—time table
Ordinare—to order
Oro—gold
Orologio—watch
Osservare—to observe
Ottimo—excellent
Otto—eight

P

Padre, il—father
Paga—salary
Pagare—to pay
Paio—pair, couple, (pl. f. paia)
Palazzo—palace, edifice
Palco—platform, box (theatre)
Pane, il—bread
Panini, i—bread rolls
Pare—seems
Parecchi—several
Parlare—to speak, talk
Parte, la—part, side, place, share
Partenza—departure

Partire—to depart, to leave, start
Passante—passer-by
Passaporto—passport
Passare—to pass, go through
Passeggieri, i—passengers
Pastina—pastina
Peggio—worse
Pellicola—film
Penna—pen
Penna stilografica—fountain pen
Pensare—to think
Pepe, il—black pepper
Per—for, by, through, in order to
Pera—pear
Perchè—why, because
Perciò—therefore
Perduto—lost
Perfettamente—perfectly
Permettere—to permit, allow, make possible
Però—but, however
Personale—personal, individual
Pesce, il—fish
Pesche, le—peaches
Pettine, il—comb
Piacere, il—pleasure, gratification, delight
Piace, mi—I like
Piacevole—pleasing, agreeable
Piano—softly, gently, slowly
Piattino—saucer
Piatto—dish
Piazzetta—small square
Piccolo—little
Piede, il—the foot
Pietanza-plate of meat, portion
Pigiama, i—pajamas
Piroscafo—ship, steamer

Piscina—swimming pool
Piselli, i—peas
Platea—orchestra floor of a theatre
Platino—platinum
Pochi—few
Poco—little, adv.
Pollo—chicken
Polso—wrist, pulse
Pomeriggio—afternoon
Pomodori, i—tomatoes
Porta—door, gate
Portabagagli—baggage carrier
Portacenere, il—ash tray
Portafoglio—wallet
Portapepe, il—pepper shaker
Portare—to carry, to bring, take
Porto—port
Possibile—possible
Posto—place, seat, room
Potere—to be able, can, may
Pranzare—to dine
Pranzo—dinner
Preferire (isco)—to prefer
Pregare—to pray
Prego!—don't mention it
Premura—hurry
Prendere—to take, catch
Prenotare—to book in advance, to engage
Presto—soon, early
Profumeria—perfume store
Profumo—perfume
Prima (di)—before, first, sooner, at first
Preparare—to prepare
Preparativi—preparations
Presto—quickly, promptly, soon
Prezzo—price

Procurare—to procure, to get, to obtain
Pronto—ready, prompt
Prossimo—near, next
Proprio—proper, one's own
Provare—to prove, to try
Pulire—to clean
Pulire a secco—to dry clean
Pure—also, yet

Q

Qualche—some, a few
Qualcuno—somebody, anybody
Qualità—quality
Quando—when, whenever
Quanto—how much, as much as
Quaranta—forty
Quattordici—fourteen
Quattro—four
Quello—that, that one, the former
Questo—this
Questura—police station
Qui—here
Quindici—fifteen
Quinto—fifth

R

Raggiungere-to overtake, reach, attain
fare Recapitare—to forward to
Registro—register, book of records
Rete, la—net
Ricevuta—receipt
Ricordare—to remember, recall, remind
Riempire—to fill
Rimborsare—to reimburse, to repay

Rileggere—to read over again
Rimediare—to remedy
Riparare—to repair, to shelter
Riposare—to rest
Riso—rice, laughter
Ristorante—restaurant
Ritardo—delay, to be late
Ritornare—to return
Ritorno (andata e)—round trip
Rossetto—lipstick, rouge
Rosso—red
Rotto—broken

S

Sale, il—salt
Saliera—saltcellar
Salone, il—hall, large room
Salutare—to greet, salute
Sapone, il—soap
Sbarcare—to land, disembark
Scarpe, le—shoes
Scatola—box
Scegliere—to choose, select
Scendere—to come down, descend
Scusare—to excuse
Se—if
Secco—dry
Secondo—second
Secondo (prep.)—according to
Seguire—to follow, to continue
Sembrare—to seem, to appear
Senza—without
Sera—evening
Servire—to serve, wait on
Servizio—service
Seta—silk
Sete, la—thirst
Sguardo—a glance, a look
Sì—yes, indeed

Sicuro—certainly, surely, safe, sure, certain
Sigaretta—cigarette
Signora—lady, Mrs.
Signorina—Miss
Simpatico—congenial, charming
a Sinistra—to the left
Soddisfatto—satisfied
Soffrire—to suffer
Solo—alone; sole, only, exclusively
Soltanto—only
Spazzolare—to brush
Spazzolino—tooth brush
Specialmente—especially
Sperare—to hope
Spezzatino—a stew
lo Spillo—a pin
gli Spinaci—spinach
Sporco—dirty, soiled, filthy
Stanco—tired, fatigued
Stanza—room, chamber
Stare—to stay, to be
Stasera—this evening, tonight
la Stazione—station
Stesso—same, self
Stirare—to press, to iron, to stretch
Strada—street, road, way, path
Straordinario—extraordinary, extra, special
Studiare—to study
Subito—soon, immediately
Succede—it happens
Suono—sound, ringing
Sveglia—alarm-clock

T

Tabacco—tobacco
Tanto—much, so much

Tariffa—tariff
Tasca—pocket
Tassa—tax, duty, custom duty
Tassametro—taximeter
il Tassì—taxicab
Tavola—table
Tazza—cup
il Tè—tea
Teatro—theatre
Telefonare—to telephone
Telegrafare—to telegraph, to send out a cable
Telegrafo—telegraph
Tempo—time, weather
Terzo—third
Torta—cake
il Tramvai—tramway, street car
Traversata—crossing
Tre—three
Tredici—thirteen
Treno—train
Troppo—too much
Trovare—to find
Tubetto—a small tube
Tubo—tube
il Turista (pl. turisti)—tourist, traveller
Tutto—all, whole.

U

Ufficio—office
Undici—eleven
Unghie—finger nails
Uovo (pl. uova)—egg
Uomo (pl. uomini)—man
Uscire—to go out, to come out
Uscita—exit

Uso—use, custom
Usualmente—usually
gli Utensili—utensils
Uva—grapes

V

Vada—go!
Valigia—luggage, suitcase
Valido—sound, valid, fit
Vedere—to see
Veduta—panorama, sight, view
Vendere—to sell
Venga—come here!
Venti—twenty
Veramente—truly, indeed, really
Verso—towards, about
Vestibolo—vestibule, hall
Vestito—suit (of clothes)
Vetrina—shop window, show case
Via—way, road, path, street
Vicino (a)—near, close to
Vino—wine
Visita—a visit
Visitare—to visit
Visto—visa
Vivande—food, dishes, victuals
Voglio—I want
Volere—to want, wish
Voltare—to turn, to turn around
Vorrei—I should like

Z

Zia—aunt
Zio—uncle
Zucchero—sugar

ENGLISH-ITALIAN VOCABULARY

A

Accompany—accompagnare
Ache—dolore, male
Address—indirizzo
Admittance—ingresso
After—poi, dopo
Ago—fa
Air—aria
All—tutto, tutti
All right—va bene
Almonds—mandorle
Alone—solo
Already—già
Also—anche
Always—sempre
Appetizer—antipasto
Apple—mela
Apricots—albicocche
April—aprile
Arrival—arrivo
As—come
Ash tray—portacenere (m.)
Asleep—addormentato
to fall Asleep—addormentarsi
Asparagus—asparagi
August—agosto
Awaken—svegliarsi

B

Bad—cattivo
too Bad—peccato!
Baggage—bagaglio

Bath—bagno
take a Bath—farsi il bagno
Bathing—fare i bagni
Bathing suit—il costume da bagno
Bathroom—il bagno
Battle—la battaglia
Beans—fagiuoli
string Beans—fagiolini
Beautiful—bello
Because—perchè
Bed—il letto
Bedroom—la camera da letto
Beer—la birra
Beets—bietole
Before—prima, prima di
Beg—pregare
Begin—incominciare
Believe—credere
Belt—cintura
Bend—piegare
Best—il migliore
Better—adv. meglio; adj. migliore
Big—grande
Bitter—amaro
Black—nero
Blouse—la camicetta
Boiled—bollito,
hard Boiled eggs—uova sode
Book—libro
Bored—annoiato
to be Bored—annoiarsi

Boulevard—il viale
Boy—ragazzo
Bracelet—braccialetto
Bread—il pane
Break—rompere
Breakfast—colazione, v. fare colazione
Bring—portare
Bring me—mi porti
Brother—fratello
Brother-in-law—cognato
Brush—spazzola, v. spazzolare
Building—palazzo, edificio
Bulb—lampadina
Bus—autobus
Busy—occupato
to be Busy—avere da fare
But—ma, però
Butter—burro

C

Cake—torta
Call—chiamare
Camera—macchina fotografica
Care—cura
Carefully—con cura
Carriage—carrozza, vettura
Carrots—le carote
Carry—portare
Celery—il sedano
Chair—sedia
arm Chair—la poltrona
Change—cambiare
Charming—simpatico
Check (bill)—conto
Cheese—formaggio
Cherries—le ciliegie
Chestnuts—le castagne
Chew—masticare
Chicken—pollo

Child—bambino
Chocolate—cioccolata
Chops—costolette
Church—chiesa
City—città
Clean—pulito, v. pulire (isco)
Coffee—il caffè
Cold—freddo
I am Cold—ho freddo
it is Cold—fa freddo
to catch a Cold—raffreddarsi
Collar—colletto
Color—il colore
Comb—il pettine
Comfortable—comodo
on the Contrary—al contrario
Cooked—cotto
of Cotton—di cotone
Country—la campagna; (nation)—il paese, la nazione
Cousin—cugino
Crazy—pazzo
Cup—tazza

D

Dance—ballo, v., ballare
Danger—pericolo
Daughter—figlia
Day—giorno
the other Day—l'altro giorno
Dear—caro
December—dicembre
Departure—partenza
Dessert—il dolce
Destroyed—distrutto
Different—differente
Difficult—difficile
Dine—pranzare
Dinner—pranzo
Dirty—sporco, pl. sporchi

Dish—piatto
Dollar—dollaro
Door—porta
Dress—la veste, v. vestirsi
Drug store—farmacia
Dry—asciutto, secco, v. asciugare
Dry clean—pulire a secco

E

Early—presto, di buon'ora
Easy—facile
Eat—mangiare
Egg—l'uovo (le uova)
Eight—otto
Eighteen—diciotto
Eighth—ottavo
Eighty—ottanta
Electric Light—la luce elettrica
Elevator—ascensore (m.)
Eleven—undici
Empty—vuoto
Entrance—entrata
Envelope—busta
Evening—sera
Every—ogni
Everything—tutto
Expensive—caro
Exit—uscita
Explain—spiegare

F

Fall—l'autunno
to Fall—cadere
Family—famiglia
Far—lontano
Fast—presto, veloce
Father—il padre
February—febbraio

to Feel well, (ill)—sentirsi bene, (male)
Few—alcuni, qualche
Fifteen—quindici
Fifth—quinto
Fifty—cinquanta
Fig—fico (pl. fichi)
Fill—riempire
Film—il film, la pellicola
Find—trovare
First—primo
Fish—il pesce
Five—cinque
Flower—il fiore
Fold—piegare
Foot—il piede
on Foot—a piedi
Forbidden—vietato, proibito
Forget—dimenticare
Fork—forchetta
Forty—quaranta
to Forward—fare recapitare
Four—quattro
Fourteen—quattordici
Fourth—quarto
Free—libero, gratis
Friday—venerdì
Fried—fritto
Friend—amico, a, pl., amici, amiche
Fruit—la frutta
Full—pieno
Furnished room—camera ammobigliata
Furniture—i mobili

G

a Gentleman—un signore
to Get up—alzarsi
Girl—la ragazza

Give—dare
Give me—mi dia
Glass—il bicchiere, vetro
Go—andare
to Go on an outing—fare una gita
Gold—oro
Good—buono
Goodbye—addio
Grandfather—nonno
Grandmother—nonna
Grapes—l'uva
Green—verde
Green vegetables—la verdura
Greetings—i saluti

H

Hair—i capelli
Hair net—la rete
Handbag—borsetta
Handkerchief—fazzoletto
Have—avere
to Have breakfast—fare colazione
to Have a good time—divertirsi
Have supper—cenare
Happy—felice
Hardly—appena
Hear—sentire
Here—qui
Here is (or are)—ecco
Hot—caldo
it is Hot—fa caldo
I am Hot—ho caldo
Hotel—albergo
House—casa
How—come
How much?—quanto?
Hundred—cento
Hunger—la fame

I am hungry—ho fame
in a Hurry—in fretta

I

Ice—ghiaccio
Ice cream—gelato
In—in, dentro
Instead—invece
Insure—assicurare
Intelligent—intelligente
Iron—ferro, v. stirare

J

Jacket—giacca
January—gennaio
July—luglio
June—giugno
Just now—proprio ora

K

Key—la chiave
Kind—gentile
Kitchen—cucina
Knife—coltello
Knock—bussare
Know—sapere, (a person) conoscere

L

Lady—signora
Lamb—agnello
Lamp—lampada
Large—grande
Last—ultimo
Last night—iersera
Last week—la settimana scorsa
Late—tardi
Laundry—la biancheria
Lavatory—gabinetto

Lean—magro
Learn—imparare
at Least—almeno
Leave—partire, lasciare
Left—sinistra
Less—meno
Lesson—la lezione
Letter—lettera
Letter (registered)—lettera rac-
    comandata
Lettuce—lattuga
Like—come
I Like—mi piace
Lips—le labbra
Little—poco, small
a Little—un po' di
Live (to dwell)—abitare
Liver—fegato
Living room—salotto
Long—lungo (pl. lunghi)
Look—sguardo, v. guardare
Look out!—attenzione!

M

Madam—signora
Maid—cameriera
Mail—la posta, v. spedire
Make—fare
Man—l'uomo (gli uomini)
March—marzo
Match—fiammifero
May—maggio
Meat—la carne
Meet—incontrare
Melon—il melone
Menu—lista delle vivande
Meter—metro
taxi Meter—tassametro
Midnight—mezzanotte (f.)
Milk—il latte

Million—milione
Miss—signorina
Mistake—errore (m), sbaglio
Mister—signor
Monday—lunedì
Money—denaro
More—più
Morning—la mattina
this Morning—stamattina, sta-
    mani, questa mattina
Mother—la madre
Mountain—montagna
Movie house—il cinema
Mrs.—signora
Much—molto
how Much—quanto
so Much—tanto
too Much—troppo
Mushrooms—funghi

N

Nail polish—lo smalto
Name—il nome
Napkin—tovagliolo
Near—vicino
Necktie—cravatta
Need—avere bisogno di
Neither...Nor—nè...nè
Never—mai, non...(v.)...mai
New—nuovo
Next month—il mese venturo or
    prossimo
Night—la notte
Nine—nove
Nineteen—diciannove
Ninety—novanta
Ninth—nono
Noon—mezzogiorno
Nothing—niente, nulla, non (v.)
    nulla

November—novembre
Now—ora, adesso
Nuts—le noci

O

Occupied—occupato
October—ottobre
Office—ufficio
Often—spesso
Oil—olio
Old—vecchio
Olives—le olive
Omelet—frittata
On—sopra, su
Once—una volta
Onion—cipolla
Only—soltanto, solo
Opera—opera
Orange—arancia (pl. arance)
Other—altro
Overcoat—soprabito

P

Package—pacco
Palace—palazzo, edificio
Pants—pantaloni
Paper—carta
Part—la parte
Partly—in parte
Passport—passaporto
Pea—pisello
Peach—pesca (pl. pesche)
Pear—pera
Pen—penna
fountain Pen—penna stilografi-
ca
Pencil—matita
Pepper—il pepe
Peppers—i peperoni
Perfume—profumo

Perhaps—forse
Piece—pezzo
Pin—spillo
Place—posto, luogo (i luoghi)
Plate—piatto
Play—giocare
Play—(an instrument) suonare
Please—per piacere
Point out—indicare
Policeman—guardia
Pork—il maiale
Port—porto
Porter—portabagagli, facchino
Postcard—cartolina
Post office—ufficio postale
Potatoes—le patate
mashed Potatoes—purè di pata-
te
face Powder—cipria
Pray—pregare
Prefer—preferire (isco)
Press—stirare
Press (the)—la stampa
Pretty—simpatico
Price—prezzo
Promise—promessa, (v) pro-
mettere
Push—spingere
Put—mettere

Q

Quarter—un quarto
a Quarter to—meno un quarto
a Quarter after—e un quarto
Question—domanda
Quick—presto

R

Radiator—calorifero
Radio—la radio
Rain—pioggia

it is **Raining**—piove
Raincoat—l'impermeabile (m)
Raw—crudo
Ready—pronto
Really—veramente
Receipt—ricevuta
Receive—ricevere
Red—rosso
Refrigerator—frigorifero
with **Regret**—con dolore
Remain—restare, rimanere
Repeat—ripetere
Restaurant—il ristorante
Return—ritorno, v. ritornare
Right—giusto
to the **Right**—a destra
Ring—anello, (v.) suonare
Road—strada, via
Roast—arrosto
Roast chicken—pollo arrosto
Rolls—i panini
Room—camera, stanza
furnished Room—camera am-
mobigliata
Rubbers—le soprascarpe

S

Salad—insalata
Salesman—commesso
Salt—il sale
Saltcellar—saliera
Same—stesso
Satisfied—contento, soddisfatto
to be **Satisfied**—accontentarsi
Saturday—sabato
Sauce—salsa
Saucer—piattino
Sea—il mare
Seashore—spiaggia
Second—secondo

See—vedere
Sell—vendere
Send—mandare
September—settembre
Serve—servire
Seven—sette
Seventeen—diciassette
Seventh—settimo
Seventy—settanta
Sixty—sessanta
to **Shave**—farsi la barba
Shaving cream—crema da barba
Shirt—camicia (pl. camicie)
Shoe—scarpa
Shop—il negozio, v. fare delle
compere
Short—corto, breve
Show—mostrare
Show case—vetrina
Shower—doccia
of **Silk**—di seta
Silver—argento
Since—poichè
Sing—cantare
Sister—sorella
Sister-in-law—cognata
Six—sei
Sixteen—sedici
Sixth—sesto
Sixty—sessanta
Skirt—gonna
Sleep—dormire
I am **Sleepy**—ho sonno
Slip—la sottana
Slow—lento, piano
Slow down—rallentare
Slowly—lentamente
Small—piccolo
Small table—tavolino
Smoke—fumo, v. fumare

Snow—la neve
it is Snowing—nevica
So—così
Socks—i calzini
Soldier—soldato
Some—del, della, etc. alcuni
Sometimes—qualche volta
Son—figlio
Soon—presto
as Soon as possible—al più presto
I am Sorry—mi dispiace
Soup—brodo
Speak—parlare
Speed—velocità
Spoon—cucchiaio
Spring—primavera
the Square—la piazza
the Stamp—francobollo
Station—la stazione
Steak—bistecca
Stew—spezzatino
Still—ancora
Stockings—le calze
Store—il negozio
Strawberries—le fragole
Street—la strada, la via
Study—studiare
Stylish—elegante
Sugar—lo zucchero
Suit—vestito
Suitcase—valigia
Summer—l'estate
Sun—il sole
Sunday—domenica
Sure—sicuro
Surprise—la sorpresa
Sweet—dolce
Switch—interruttore elettrico

T

Table—tavola
Tablecloth—tovaglia
Take—prendere
to Take a trip—fare un viaggio
Talk—parlare
Tangerines—mandarini
Tasty—gustoso
Taxi—il tassì
Tea—il tè
Teacher—maestro
Teaspoon—cucchiaino
Teeth—i denti
Telegram—il telegramma
Telephone—telefono, v. telefonare
Ten—dieci
Tenth—decimo
Thank you—grazie
That—che
That which—ciò che
Theatre—teatro
Then—allora, poi
There—lì, là
There is—c'è
There are—ci sono
Therefore—perciò
Think—credere, pensare
Third—terzo
Thirst—la sete
I am Thirsty—ho sete
Thirteen—tredici
Thirty—trenta
This—questo
Three—tre
Thousand—mille (plur. mila)
Thursday—giovedì
Thus—così
Ticket—biglietto

Time—tempo
on Time—in orario, in tempo
Tip—mancia
Today—oggi
Together—insieme
Toilet—gabinetto
Tomatoes—i pomidori
Tomorrow—domani
Too—anche, pure
Too much—troppo
Tooth—il dente
Tooth brush—spazzolino
Tooth paste—dentifricio
Touch—toccare
Towel—asciugamano
Train—treno
Travel—viaggiare
Tree—albero
Trip—viaggio
Trolley—il tramvai
Trousers—calzoni, pantaloni
Truth—la verità
Tuesday—martedì
Twelve—dodici
Twenty—venti
Two—due

U

Umbrella—ombrello
Uncomfortable—scomodo
Understand—capire (isco)
Underwear—le mutande
Unfortunately — disgraziatamente
Unhappy—infelice

V

Veal—vitello
Vegetables—la verdura
Vegetable soup—il minestrone
Very—molto

Vest—panciotto
Vinegar—aceto
Voice—la voce

W

Wait—aspettare
Waiter—il cameriere
Waiting room—sala d'aspetto
Walk—camminare
Warm—caldo
I am Warm—ho caldo
It is Warm—fa caldo
Wash—lavare
Water—acqua
running Water—acqua corrente
Way—via, strada
one Way—senso unico
Weather—tempo
the Weather is fine—fa bel tempo
the Weather is bad—fa cattivo tempo
Wednesday—mercoledì
Well—bene
very Well—benissimo
What?—che cosa?
What (that which)—ciò che
What a—che!
When—quando
Where—dove
Which—che
Which?—quale?
While—mentre
a While ago—poco fa
in a little While—fra poco
White—bianco
Who—che
Who?—chi?
Whom—che

Why—perchè
Willingly—volentieri
Wind—vento
it is Windy—tira vento
Window—finestra
Window (of a train)—finestrino
Wine—vino
Winter—inverno
Wish—desiderio, v. desiderare
With—con

Without—senza
Woman—donna
Wool—lana
Woolen—di lana
Word—parola
Work—lavoro, v. lavorare

Y

Yellow—giallo
Yesterday—ieri
Yet—ancora